MONIKA FAHLAND

Das Verfügungsverbot nach §§ 135, 136 BGB in der Zwangsvollstreckung und seine Beziehung zu den anderen Pfändungsfolgen

Schriften zum Prozessrecht

Band 45

Das Verfügungsverbot nach §§ 135, 136 BGB in der Zwangsvollstreckung und seine Beziehung zu den anderen Pfändungsfolgen

Von

Dr. Monika Fahland

DUNCKER & HUMBLOT / BERLIN

CIP-Kurztitelaufnahme der Deutschen Bibliothek

Fahland, Monika
Das Verfügungsverbot nach §§ 135, 136 [Paragraph hundertfünfunddreissig, hundertsechsunddreissig] BGB in der Zwangsvollstreckung und seine Beziehung zu den anderen Pfändungsfolgen. — 1. Aufl. — Berlin: Duncker und Humblot, 1976.
    (Schriften zum Prozessrecht; Bd. 45)
    ISBN 3-428-03619-0

Vorwort

Die vorliegende Abhandlung ist im August 1975 abgeschlossen worden und hat der Rechts- und Staatswissenschaftlichen Fakultät der Universität Bonn im Wintersemester 1974/75 als Dissertation vorgelegen. Literatur und Rechtsprechung konnten bis Oktober 1975 berücksichtigt werden.

Die Arbeit geht auf eine Anregung meines verehrten Lehrers Herrn Prof. Dr. Hans Friedhelm Gaul zurück, dem ich an dieser Stelle für die mir in jeder Hinsicht zuteil gewordene Förderung danken möchte. Herrn Prof. Dr. Walter Gerhardt schulde ich Dank für seine zur Veröffentlichung der Arbeit gewährte Unterstützung. Herrn Ministerialrat a. D. Prof. Dr. Johannes Broermann danke ich, daß er sie in die „Schriften zum Prozeßrecht" aufgenommen hat.

Bonn, im November 1975   *Monika Fahland*

Inhaltsverzeichnis

Erster Teil

**Historische Entwicklung der Lehre vom
Verfügungsverbot in der Zwangsvollstreckung**

Zweiter Teil

Die Anerkennung des hoheitlichen Charakters der Zwangsvollstreckung als Ursache der Lehre vom Verfügungsverbot in der Zwangsvollstreckung

Dritter Teil

Konsequenzen aus der Einordnung des Verfügungsverbotes als Sicherung der mit der Beschlagnahme vorbereiteten Erfüllung des Vollstreckungsanspruches

Schluß

Zusammenstellung der Ergebnisse der Arbeit und ein Versuch der Auswertung im Hinblick auf eine künftige Reform des Zwangsvollstreckungsrechts

Einleitung

§ 1 Problemstellung

Seit jeher gehört die Frage nach den Rechtsfolgen einer wirksamen Pfändung zu den Grundfragen der Zwangsvollstreckungslehre. Das Gesetz spricht in § 804 ZPO ausschließlich von dem durch die Pfändung bewirkten Pfändungspfandrecht zugunsten des Gläubigers. Seit den Ausführungen *Steins* zu den Grundfragen der Zwangsvollstreckung[1] gehört darüber hinaus die Erkenntnis, daß mit der wirksamen Pfändung außer dem Pfändungspfandrecht die Verstrickung der Pfandsache entsteht, zu dem ebenfalls unangefochtenen Besitzstand der Prozeßrechtslehre. Betrachtet man diese beiden Pfändungsfolgen nebeneinander, so ergeben sie — jedenfalls nach den privatrechtlichen Auffassungen vom Pfändungspfandrecht[2] — ein abgeschlossenes Bild der Zwangsvollstreckung. Während die Verstrickung die hoheitliche Seite der Zwangsvollstreckung darstellt, gewährt das Pfändungspfandrecht nicht nur den privatrechtlichen Schutz des Gläubigers, sondern stellt auch den Rechtsgrund zum Behaltendürfen des Erlöses dar.

Doch mit der Erkenntnis, daß die Verstrickung die hoheitliche Gebundenheit der Pfandsache für den Staat bedeutet, hat man gleichzeitig eine weitere — privatrechtliche — Rechtsfolge der Pfändung anerkannt: Das Verfügungsverbot nach §§ 135, 136 BGB. Nach der Definition von Stein[3] ist die Wirkung der Pfändung die Verstrickung, „d. h. die rechtliche Gebundenheit für den Staat ..., wenn auch zugunsten des Gläubigers. Vermöge dieser Gebundenheit unterliegt der Schuldner dem Verbot der Veräußerung, soweit durch sie der Gegenstand der Zwangsvollstreckung entzogen werden würde". Mit anderen Worten, die Verstrickung bedingt begriffsnotwendig ein Verfügungsverbot nach §§ 135, 136 BGB, das den Schuldner zugunsten des Gläubigers in seiner Verfügungsmacht über den gepfändeten Gegen-

---

[1] *Stein*, Grundfragen der Zwangsvollstreckung, S. 26 ff.

[2] Die Verfasserin geht in ihren Ausführungen grundsätzlich von der gemischt privat-öffentlich-rechtlichen Theorie vom Pfändungspfandrecht aus. Auf den Streit um die Rechtsnatur des Pfändungspfandrechtes wird allerdings immer dann eingegangen werden, wenn sich aus den unterschiedlichen Ansichten hierzu Konsequenzen für die Frage nach dem Verfügungsverbot als Pfändungsfolge ergeben.

[3] *Stein*, Grundfragen, S. 26.

stand beschränkt. Diese Folgerung wird allgemein anerkannt, so daß
es ebenfalls zum (fast) gesicherten Gedankengut gehört, daß die
Pfändung neben Verstrickung und Pfändungspfandrecht ein Verfügungsverbot bewirkt.

Während nun der Streit um Rechtsnatur und Rechtsfolgen von
Pfändungspfandrecht und Verstrickung einen immer größeren Raum
in der Zivilprozeßrechtslehre einnahm[4], finden sich bis in die jüngste
Zeit kaum Abhandlungen, die sich eingehend mit dem Verfügungsverbot als Folge der Zwangsvollstreckung befassen. Diese mehr neben-
sächliche Behandlung des Verfügungsverbotes als Folge der Pfändung
wird verständlich, wenn man die Wirkungen dieses Verfügungsverbotes
in der Zwangsvollstreckung näher untersucht. Die §§ 135, 136 BGB
beschränken in ihrer Anwendung auf die Zwangsvollstreckung in
Sachen den Schuldner in der Verfügungsmacht über sein gepfändetes
Eigentum. Der Schuldner kann also über die gepfändete Sache nicht
mehr in einer den Gläubiger schädigenden Weise verfügen; eine
Eigentumsübertragung an einen Dritten ist dem Gläubiger gegenüber
unwirksam. Diese den Gläubiger schützende Funktion des Verfügungsverbotes versagt aber genau in dem Fall, in dem auch der Schutz durch
das Pfändungspfandrecht versagt. Dabei handelt es sich um den Fall
des gutgläubigen Erwerbs durch einen Dritten, da in § 135 II BGB die
Vorschriften der §§ 932 ff. BGB für anwendbar erklärt werden. Der
Schutz durch ein Verfügungsverbot sichert den Gläubiger in der
Zwangsvollstreckung also nicht mehr als das Pfändungspfandrecht, das
nach § 936 BGB ebenfalls dem gutgläubigen Erwerb durch einen
Dritten weicht. Bei näherem Betrachten ergibt sich also, daß es sich
bei dem Verfügungsverbot in der Zwangsvollstreckung — nach der
heute h. L. — um eine Rechtsfolge handelt, die zwar den Gang der
Zwangsvollstreckung nicht behindert, ihn aber auch nicht fördert.
Angesichts dieser scheinbar praktischen Nutzlosigkeit mußte das Verfügungsverbot eine Randerscheinung in der Prozeßrechtsdogmatik
bleiben.

Die Tatsache, daß sich bisher nicht die Notwendigkeit ergeben hat,
dem Gläubiger neben der positiv dinglichen Sicherung durch das
Pfändungspfandrecht noch eine ergänzende negative Sicherung durch
ein Verfügungsverbot zu gewähren, zeigt aber gleichzeitig das Unbefriedigende an der heutigen Rechtsauffassung. Nach dieser Auffassung
bewirkt nämlich die Pfändung begriffsnotwendig eine Rechtsfolge, die
praktisch ohne Wert ist. So ist es eigentlich erstaunlich, daß erst in
neuester Zeit Zweifel an der begrifflichen Notwendigkeit dieser Rechts-

---

[4] Siehe bezüglich der Frage nach der Rechtsnatur des Pfändungspfandrechtes nur die Arbeiten von *Martin* und *Huber* und bezüglich der Verstrikkung die von *Schwinge* und *P. Geib*.

folge geäußert worden sind. *Gerhard Huber*[5] hat im Jahre 1970 die Frage nach dem Verfügungsverbot als Folge der Zwangsvollstreckung im Rahmen einer größeren Abhandlung zum Gegenstand genauerer Überlegungen gemacht. Er hat anhand einer Untersuchung zum Beschlagnahmecharakter der Pfändung aufgezeigt, daß die These, die Verstrickung bedeute die rechtliche Gebundenheit der Pfandsache für den Staat, vermöge der der Schuldner dem Verbot der Veräußerung unterliege, doch nicht so unangreifbar ist, wie bisher angenommen wurde. Huber kommt in seinen Überlegungen zu dem Ergebnis, daß „die Beschlagnahme lediglich einen verfahrensrechtlichen Zustand, nämlich die Verstrickung, herbeiführt, die dem Vollstreckungsorgan nur die tatsächliche Sachherrschaft über die Sache verschafft"[6], „und auf die Verfügungsbefugnis des Betroffenen unmittelbar ohne Einfluß" ist.[7] Huber beschränkt seine Ausführungen jedoch ausschließlich auf die Pfändung beweglicher Sachen[8], da er sich durch die Fassung des § 829 I 2 ZPO, betreffend die Pfändung von Forderungen, gezwungen meint, ein Verfügungsverbot als Folge dieser Zwangsvollstreckungsart anerkennen zu müssen. § 829 I 2 ZPO sieht nämlich im Gegensatz zu den §§ 808 ff. ZPO vor, daß an den Schuldner das Gebot zu erlassen ist, sich jeder Verfügung über die Forderung zu enthalten. Weiterhin läßt er die Zwangsvollstreckung in das unbewegliche Vermögen außer Betracht, da § 23 ZVG ein Verfügungsverbot ausdrücklich vorsieht.

Wenn Hubers Ausführungen auch noch keine umfassende Antwort auf die Frage nach dem Verfügungsverbot als Folge der Pfändung geben können[9], so zeigen sie doch die Notwendigkeit, diese Frage zum Gegenstand einer selbständigen Untersuchung zu machen. Sollte sich nämlich Hubers These, die Verstrickung sei ohne Einfluß auf die Verfügungsbefugnis des Schuldners, als richtig herausstellen, so wäre die Auffassung, die Pfändung bewirke hinsichtlich beweglicher Sachen neben Verstrickung und Pfändungspfandrecht ein Verfügungsverbot nach §§ 135, 136 BGB, abzulehnen. Sollte seine These sich dagegen als unrichtig herausstellen, so muß untersucht werden, welche Aufgaben dann dem Verfügungsverbot in der Zwangsvollstreckung zukommen. Jedenfalls ist die heutige Rechtsauffassung, derzufolge die Zwangsvollstreckung ein solches Verbot bewirkt, ohne daß es ersichtliche Auswirkungen hat, nicht im Interesse einer klaren und in ihren Rechtsfolgen überschaubaren Zwangsvollstreckung[10].

---

[5] *Huber*, Die Versteigerung gepfändeter Sachen, S. 46 ff.
[6] *Huber*, S. 57.
[7] *Huber*, S. 57.
[8] *Huber*, S. 54.
[9] Siehe insbesondere hierzu die Kritik von *Gaul*, FamRZ 72, 533 ff. (534).
[10] Wie wenig man sich heute über die Bedeutung des Verfügungsverbotes in der Zwangsvollstreckung im klaren ist, zeigen folgende Bemerkungen

§ 2 Rechtsnatur und Wirkungen eines
Verfügungsverbotes nach den Vorschriften des BGB

Bevor auf die speziell zwangsvollstreckungsrechtlichen Fragen, die das Verfügungverbot aufwirft, eingegangen werden kann, müssen zunächst die Rechtsfolgen erläutert werden, die nach den Vorschriften des BGB bei einem Verstoß gegen dieses Verbot eintreten. Ein Eingehen auf die außerhalb des BGB liegenden Rechtsfolgen von und durch das Verfügungsverbot ist erst sinnvoll, wenn Klarheit darüber gewonnen ist, was unter einem Verfügungsverbot im Sinne der §§ 135 f. BGB zu verstehen ist.

Zunächst soll aufgezeigt werden, weshalb in dieser Arbeit nicht die vom Gesetz in § 135 BGB gewählte Terminologie „Veräußerungsverbot", sondern die Bezeichnung „Verfügungsverbot" gebraucht wird. Der Grund hierfür liegt darin, daß die Bezeichnung Veräußerungsverbot nicht alle die Rechtsgeschäfte umfaßt, die von dem Verbot betroffen werden. Es sind nämlich nicht nur Veräußerungen der betroffenen Sache verboten, sondern alle Rechtsgeschäfte, durch die ein subjektives Recht unmittelbar aufgehoben, übertragen, belastet oder seinem Inhalt nach geändert wird; mit anderen Worten, alle die Rechtsgeschäfte, die eine Verfügung zum Inhalt haben[11]. Doch auch der Begriff Verfügungsverbot ist nicht ganz korrekt, denn es handelt sich inhaltlich bei den §§ 135 f. BGB nicht um ein Verbot, sondern um eine Verfügungsbeschränkung[12]. Ein Verstoß gegen ein Verbot macht nämlich das verbotene Rechtsgeschäft im Regelfall nicht unwirksam, sondern rechtswidrig. Konsequent folgert denn auch Raape[13] daraus, daß ein Verbot, das zur Nichtigkeit des Rechtsgeschäftes führt, wie z. B. der § 134 BGB, aufhört, ein Verbot zu sein, da „in dieser Perfektion" das Verbot durch die Versagung der Wirkung des Rechtsgeschäfts ersetzt wird. Der Verstoß gegen die §§ 135 f. BGB macht das Rechtsgeschäft nicht

---

von *Henckel* und *A. Blomeyer. Henckel*, S. 318, führt folgendes aus: „Da die Verstrickung zugunsten des pfändenden Gläubigers erfolgt, sind die Verfügungen des Schuldners dem Gläubiger gegenüber unwirksam (§§ 135, 136 BGB). Diese Wirkung ist unabhängig davon, ob die Forderung des Gläubigers besteht und ob die Pfändung zulässig war." *A. Blomeyer*, Festschrift für von Lübtow, S. 803 ff. (812) beschreibt die Rechtslage so: „Die Rechtslage des Gläubigers, welche damit" (d. h. mit dem Verfügungsverbot) „geschützt wird, ist das unter a) entwickelte" (materielle) „Recht gegenüber dem Schuldner zur Befriedigung aus den gepfändeten Gegenständen". In der unterschiedlichen Beurteilung der Wirksamkeitsvoraussetzung und in der Unklarheit hinsichtlich des Schutzobjekts zeigt sich, wie *Gaul*, FamRZ 72, 533 ff. (534) zu Recht bemerkt, daß die Lehre vom Verfügungsverbot in der Zwangsvollstreckung in ihrer heutigen Ausgestaltung „einen schwachen Punkt im Lehrgebäude der h. M." darstellt.

[11] *Larenz*, AT § 23 IV, S. 404.
[12] *Raape*, S. 77 ff. (79); *Flume*, § 17 6 c.
[13] *Raape*, S. 17 f.

rechtswidrig, sondern — in welchem Umfang auch immer — unwirksam. D. h., der von diesem „Verbot" Betroffene *darf* zwar dagegen verstoßen, doch ist dem „verbotenen" Rechtsgeschäft nach § 135 f. BGB zum Teil *die Wirkung entzogen*. Dem Betroffenen wird daher nach § 135 f. BGB nicht die Verfügungsbefugnis genommen, wie es ein Verbot bewirken würde, sondern er wird vielmehr in seiner Verfügungsmacht eingeschränkt.

Wenn hier dennoch der Terminus „Verfügungs*verbot*" gewählt wird, so geschieht dies nur, weil sich diese Terminologie eingebürgert hat. Der Ausdruck ist aber nur so zu verstehen, daß es sich hierbei nicht um ein Verbot im technischen Sinne handelt, sondern lediglich (oder besser gesagt: sogar) um eine Verfügungsbeschränkung.

In den vorstehenden Ausführungen über den Begriff Verfügungsverbot sind bereits die Folgen eines Verstoßes gegen ein solches Verbot angesprochen: Ein gegen ein Verfügungsverbot verstoßendes Rechtsgeschäft macht dieses unwirksam. Wie weit allerdings diese Unwirksamkeit im Einzelfall geht, hängt vom Schutzzweck des jeweiligen Verfügungsverbotes ab. Dient das Verbot dem Schutz der Allgemeinheit, so ist die Verfügung auch der Allgemeinheit gegenüber unwirksam. Dient das Verbot dem Schutz einer einzelnen Person oder Personengruppe, so ist die Verfügung nach § 135 BGB auch nur dieser Person oder dieser Gruppe gegenüber unwirksam. Man spricht demgemäß von absoluten und relativen Verfügungsverboten. Solche Verfügungsverbote können im Gesetz vorgesehen sein oder aber von einer Behörde oder einem Gericht ausgesprochen werden. Während für die gesetzlichen Verfügungsverbote § 134 BGB den Fall des absoluten Verbotes und § 135 BGB den Fall des relativen Verfügungsverbotes gesetzlich regelt, verweist § 136 BGB bezüglich der Rechtsfolgen eines Verstoßes gegen ein gerichtliches oder behördliches Verbot ausschließlich auf § 135 BGB. Sie sollen einem gesetzlichen Verfügungsverbot der in § 135 BGB bezeichneten Art gleichstehen. Da § 135 BGB nur das Verbot zum Schutze einzelner Personen regelt, liegt die Annahme nahe, daß ein gerichtliches oder behördliches Verfügungsverbot — unabhängig davon, ob es dem Schutz einzelner Personen oder aber der Allgemeinheit dient — immer nur zur relativen Unwirksamkeit führt. Die Fassung des § 136 BGB, welche diese Ansicht rechtfertigen könnte, beruht jedoch auf einem Redaktionsversehen, das bei der zweiten Lesung des Entwurfs zum BGB entstanden ist. Die im allgemeinen Interesse erlassenen behördlichen oder gerichtlichen Verfügungsverbote haben genau wie die in § 134 BGB angesprochenen gesetzlichen Verbote absolute Wirkung[14].

---

[14] *Enneccerus / Nipperdey*, S. 889 Fn. 15; *Raape*, S. 90 ff.; RGZ 105, 71 ff. (75 ff.); RGZ 130, 209 ff.

Gegenstand der vorliegenden Arbeit ist das Verfügungsverbot als Folge der Pfändung. Ob es sich bei diesem Verfügungsverbot um ein absolutes oder relatives handelt, hängt davon ab, in welchem Interesse die Zwangsvollstreckung betrieben wird. Da die Zwangsvollstreckung im Interesse einer einzelnen Person oder Personengruppe, nämlich des oder der Gläubiger, durchgeführt wird[15], kann es sich bei dem Verfügungsverbot in der Zwangsvollstreckung — vorausgesetzt, die Pfändung bewirkt ein solches — nur um ein relatives handeln. Es ist also erforderlich, auf die Wirkungen eines solchen relativen Verfügungsverbotes genauer einzugehen.

§ 135 BGB bestimmt, daß ein Verstoß gegen ein relatives Verfügungsverbot die Unwirksamkeit des verbotenen Rechtsgeschäftes gegenüber der geschützten Person zur Folge hat. Diese „relative Unwirksamkeit" wird vielfach so umschrieben, daß bei einer Verfügung, die gegen ein relatives Verfügungsverbot verstößt, der Erwerber zwar gegenüber jedermann Rechtsinhaber werde, nicht jedoch gegenüber dem durch das Verbot Geschützten. Diesem gegenüber sei es noch der Veräußerer[16]. Aber gerade diese Konstruktion der „Duplizität des Rechtssubjekts"[17] hat um die Jahrhundertwende heftigste Kritik hervorgerufen. Oertmann[18] spricht in diesem Zusammenhang von einer geradezu „anstößigen Vorstellung"; andere halten sie für eine bloße Fiktion[19]. Anlaß zu dieser Kritk waren aber weniger die sich aus dem Verfügungsverbot ergebenden Rechtsfragen, als vielmehr die Auseinandersetzung über die Frage der materiellrechtlichen Einordnung des Gegenstandes, der durch das Verfügungsverbot betroffen war. So war nicht die Interessenbewertung, die das Gesetz getroffen hatte, Ansatzpunkt der Kritik, sondern es waren lediglich formallogische Bedenken gegen die durch die Konstruktion der Duplizität des Rechtssubjekts entstandene relative Unwirksamkeit. Ihre Konstruktionsvorschläge, die von der „ausgeglichenen Wirksamkeit"[20] über „resolutiv bedingtes Eigentum"[21] bis hin zur „relativen Rechtszuständigkeit"[22] reichten, berücksichtigten daher sämtlich den Grundgedanken, daß eine rechtliche Sanktion nicht weitergehen soll, als es die geschützten Interessen

---

15 *Gaul*, Rpfleger 71, 1 ff. (7).

16 *Larenz*, AT § 23 IV, S. 404; *Soergel / Hefermehl*, §§ 135, 136 Rn. 8; *Staudinger / Coing*, § 135 Rn. 2; *Lange*, § 50 III 2, 3, S. 319; *Lehmann / Hübner*, § 29 III 4 b; *Enneccerus / Nipperdey*, S. 888, 1215; einschränkend *Flume*, § 17 6 d.

17 Diese Formulierung verwendet von *Tuhr*, AT Bd. 2, 1. Hälfte, S. 330.

18 *Oertmann*, Jh.Jb. 66, 130 ff. (131, 254).

19 *Raape*, S. 53.

20 *Raape*, S. 3 - 21.

21 *Strohal*, Festschrift zur Jahrhundertfeier des AGBGB, S. 747 ff. (799 f.).

22 *Oertmann*, Jh.Jb. 66, 130 ff. (264 ff., bes. 265).

erfordern[23]. Wenn aber dies allgemein berücksichtigt wird, so können lediglich formallogische Bedenken, wie sie in der älteren Literatur gegen die Konstruktion der relativen Unwirksamkeit geäußert wurden, heute kein Gewicht mehr haben, zumal die einzelnen vorgeschlagenen Lösungsversuche alle wiederum ungelöste Fragen aufwerfen[24]. Der Streit um die relative Unwirksamkeit war ein Kind der Begriffsjurisprudenz und zwingt heute nicht dazu, von der vom Gesetz gewählten und allen damit verbundenen Rechtsfragen gerecht werdenden Konstruktion der relativen Unwirksamkeit abzuweichen[25]. Im Ergebnis kann also festgestellt werden, daß ein relatives Verfügungsverbot seiner Rechtsnatur nach eine Verfügungsbeschränkung ist, die im Interesse einer einzelnen Person erlassen wird und im Falle des Verstoßes gegen dieses Verbot dazu führt, daß die Verfügung gegenüber der geschützten Person unwirksam wird.

Aber nicht jede Verfügung über den vom Verbot betroffenen Gegenstand wird relativ unwirksam. Das würde über den Zweck des Verfügungsverbotes hinausgehen. Auch hier geht das Verfügungsverbot nur so weit, wie es die geschützten Interessen erfordern. Daraus folgt, daß nur diejenigen Verfügungen, die den Interessen der geschützten Person entgegenstehen, relativ unwirksam sind, die anderen dagegen voll wirksam[26]. Eine weitere Einschränkung des durch das Verbot Geschützten hat das Gesetz in § 135 II BGB vorgesehen. Hiernach finden die Vorschriften zugunsten derjenigen, welche Rechte von einem Nichtberechtigten herleiten, Anwendung. Diese Regelung ist insofern in diesem Zusammenhang eine Besonderheit, weil hier entgegen dem sonstigen Grundsatz der gute Glaube an die Verfügungsbefugnis geschützt wird[27].

So weist das Gesetz selbst bereits Fälle auf, in denen das Verfügungsverbot entfällt. Nebenher hat aber auch die Person, die durch das Verbot geschützt werden soll, die Möglichkeit, durch einen Verzicht das Verfügungsverbot zum Wegfall zu bringen. Da das Verbot ausschließlich seinen Interessen dient, liegt es auch in seiner Hand, ob er davon Gebrauch machen will oder nicht[28].

Sollte die folgende Untersuchung also ergeben, daß die Zwangsvollstreckung ein Verfügungsverbot zur Folge hat, so müßte es sich um

---

[23] *Staudinger / Coing*, § 135 Rn. 2.

[24] Siehe *Enneccerus / Nipperdey*, S. 892 Fn. 19.

[25] *Paulus*, Festschrift für Nipperdey, S. 909 ff. (910); *Enneccerus / Nipperdey*, S. 890 Fn. 18.

[26] *Stein*, Grundfragen, S. 27; *Mothes*, S. 86 f.; *Falkmann*, S. 645; *Enneccerus / Nipperdey*, S. 888 Fn. 11.

[27] *Motive* zum BGB, AT, S. 213 f.; *Flume*, § 17 6 a.

[28] *Motive* zum BGB, AT, S. 212; *RGRK / Krüger-Nieland*, § 135 Anm. 2; *Staudinger / Coing*, § 135 Rn. 5; *Gerhardt*, Gläubigeranfechtung, S. 150 f.

ein relatives Verfügungsverbot nach §§ 135, 136 BGB handeln. Ein
Verstoß gegen dieses Verbot würde die untersagte vollstreckungsvereitelnde[29] Verfügung nur dem oder den Pfandgläubigern gegenüber
unwirksam machen. Aber auch diese Wirkung versagt, wenn der
erwerbende Dritte hinsichtlich des Verfügungsverbotes gutgläubig war
(§ 135 II i. V. m. §§ 932 ff. BGB) oder wenn die geschützten Gläubiger
auf die Sicherung durch das Verfügungsverbot verzichten.

§ 3 Weg der Untersuchung

Zum Gang der Arbeit sei folgendes gesagt:

In einem ersten Teil soll untersucht werden, ob der Gedanke, daß
die Zwangsvollstreckung ein Verfügungsverbot bewirkt, eine Neu-
schöpfung der Rechtslehre des 20. Jahrhunderts ist, oder ob er nicht
doch Vorläufer im gemeinen, römischen oder germanischen Recht
gehabt hat. Sollte letzteres der Fall sein, so bleibt zu prüfen, welchen
Einfluß diese Vorläufer auf die Kodifikation der CPO genommen
haben.

Der zweite Teil der Arbeit wird sich mit der Frage befassen, ob sich
aus dem heute allgemein anerkannten hoheitlichen Charakter der
Zwangsvollstreckung die Notwendigkeit ergibt, ein Verfügungsverbot
als Folge der Pfändung anzunehmen.

Sollte sich diese Notwendigkeit ergeben, so wird in einem dritten
Teil untersucht werden müssen, welche Folgerungen sich daraus für
die Durchführung der Zwangsvollstreckung ergeben.

---

[29] Da nur vollstreckungsvereitelnde Verfügungen den Interessen des ge-
schützten Gläubigers zuwider laufen, können auch nur sie von einem solchen
Verbot betroffen sein. BGH, NJW 68, 2060; *Stein*, Grundfragen, S. 27; *Mothes*,
S. 86 f.

Erster Teil

Historische Entwicklung der Lehre vom Verfügungsverbot in der Zwangsvollstreckung

§ 4 Ausgangspunkt der Untersuchung: Überprüfung des Gesetzestextes und die Frage nach dem Willen des Gesetzgebers

Ausgangspunkt für eine Prüfung, ob die Pfändung generell — wie die ganz herrschende Lehre annimmt[1] — ein Verfügungsverbot im Sinne der §§ 135, 136 BGB zur Folge hat, müssen zum einen die Formulierungen der einschlägigen Bestimmungen und zum anderen die Erwägungen sein, die der Gesetzgeber bei der Abfassung dieses Textes angestellt hat. Die gesetzlichen Vorschriften geben jedoch wenig für die Beantwortung der Frage her. § 808 ZPO enthält sich jeder Äußerung über ein eventuelles Verfügungsverbot; § 829 und § 857 ZPO schreiben in diesem Zusammenhang lediglich vor, daß an den Schuldner das Gebot zu erlassen ist, sich jeder Verfügung über die Forderung oder das Recht zu enthalten (das sog. inhibitorium); einzig § 23 I ZVG, der sinngemäß auch in das 8. Buch der ZPO gehört[2], spricht ausdrücklich von einem Verfügungsverbot gemäß §§ 135, 136 BGB[3].

Aber nicht nur der Gesetzestext läßt die Frage nach dem Verfügungsverbot offen, auch aus den Materialien ergibt sich unmittelbar nichts, was zu einer Klärung dieser Frage beitragen könnte. Die Diskussion um die Pfändungsfolgen drehte sich bei der Schaffung der CPO ausschließlich um die Einführung des Pfändungspfandrechtes als Mittel

---

[1] Allg. Ans., siehe nur *Rosenberg*, § 190 Anm. II 2 a; *Stein / Jonas / Münzberg*, § 803 Anm. II 1 a; *Gaul*, FamRZ 64, 165 ff. (167); and. Ans. nur *Huber*, S. 45 ff.

[2] *Rosenberg*, § 198 Anm. I 2; *Thomas / Putzo*, Vorbem. zu § 864. Bei der Einführung der CPO wurde die Liegenschaftsvollstreckung ausgeklammert, weil eine einheitliche Regelung des Liegenschaftsrechts noch ausstand. *Hahn*, Materialien zur CPO, S. 462. Dementsprechend ist das ZVG auch erst zusammen mit dem BGB im Jahre 1900, also gut 20 Jahre später als die CPO, in Kraft getreten.

[3] Aus dem Zusammenhang von ZVG und BGB ist es auch zu erklären, daß das ZVG bereits von einem Veräußerungsverbot i. S. der §§ 135, 136 BGB spricht.

zur Durchsetzung des Prioritätsprinzips[4]. Ein mögliches Verfügungsverbot wurde nicht erwähnt. Selbst bezüglich der Bedeutung des in
§ 829 ZPO enthaltenen inhibitoriums, also dem Gebot an den Schuldner,
sich jeder Verfügung über die Forderung zu enthalten, hat man sich
in der Diskussion auf den Hinweis beschränkt, daß die „Erlassung
des Gebotes an den Schuldner, obwohl für den Gläubiger nach § 137
StGB (heute § 136 I StGB) nicht ohne Bedeutung" eben dem arrestatorium, also dem Verbot für den Drittschuldner, an den Schuldner zu
zahlen, einhergehe[5].

Bedeutsam für die Frage, ob die Zwangsvollstreckung ein Verfügungsverbot bewirkt, könnten lediglich die Motive zum § 39 I ZVG
(heute § 23 I ZVG) sein. Aus ihnen geht hervor, daß die ausdrückliche
Erwähnung des Verfügungsverbotes als Folge der Vollstreckungs-
beschlagnahme im Gesetzestext lediglich der Deutlichkeit halber geschehen sei, da es sich ohnehin bereits aus § 107 BGB (heute § 135 BGB)
ergebe. „Nur weil der § 107 nicht von der Beschlagnahme, sondern von
dem Veräußerungsverbot redet, empfiehlt es sich, der Deutlichkeit
halber zu bestimmen, daß die Beschlagnahme die Wirkung eines
Veräußerungsverbotes zum Schutze des Interesses des Gläubigers hat[6]."
Diese Stelle in den Motiven zum ZVG scheint den Zugang zur Lösung
der vorliegenden Frage zu geben. Nach den Ausführungen in den
genannten Motiven stellt der Zugriff durch das Vollstreckungsorgan
im Wege der Zwangsvollstreckung einen Beschlagnahmeakt des Staates
— wenn auch für den Gläubiger — dar. Die Wirkung der Beschlagnahme ist nach dieser Stelle in den Motiven mit einem Verfügungsverbot nach §§ 135, 136 BGB identisch. So einleuchtend diese Erklärung
klingt[7], so kann sie doch auf die in der ZPO geregelten Zwangs-
vollstreckungsarten schon deshalb nicht unmittelbar bezogen werden,
weil das ZVG nicht nur ein wesentlich jüngeres Gesetz ist und daher
nicht ohne weiteres für eine Auslegung der älteren ZPO herangezogen
werden kann, sondern darüber hinaus die ZPO im Gegensatz zum ZVG
ein Pfändungspfandrecht als Vollstreckungsfolge kennt. Das Pfändungspfandrecht könnte aber die Annahme eines Verfügungsverbotes überflüssig machen. Es verschafft der Pfändung bereits Wirkung gegen
Dritte, so daß der Gläubiger nach Auffassung des Gesetzgebers genauso
wie mit Hilfe eines Verfügungsverbotes vor vollstreckungsvereitelnden
Verfügungen des Schuldners geschützt wird[8]. Es geht also um die

---

[4] *Hahn*, Materialien zur CPO, S. 448 ff. (Begründung des 1. Entwurfs),
S. 825 f. (1. Lesung).

[5] *Hahn*, Materialien zur CPO, S. 457.

[6] *Motive* zur GBO und zum ZVG, 2. Halbband, S. 141.

[7] Die Auffassung, daß jedes staatliche Verfügungsverbot eine Beschlagnahme sei, wurde bereits mit der Entscheidung in RGSt 14, 286 ff. (288),
aufgegeben.

Frage, ob bei der Zwangsvollstreckung nach der ZPO im Gegensatz
zu der nach dem ZVG die Pfändung *neben* einem Pfändungspfandrecht
ein Verfügungsverbot zur Folge hat, wie es die Regelung des inhibitoriums neben dem arrestatorium in § 829 und § 857 ZPO nahegelegt.
Ein Vergleich mit der Regelung des § 23 ZVG kann daher für diese
Frage unmittelbar nicht von Nutzen sein.

Weder der Gesetzestext noch die Materialien zur CPO klären also die
Frage, ob die Pfändung neben dem Pfändungspfandrecht ein Verfügungsverbot zur Folge hat. Es soll daher im folgenden versucht
werden, anhand der Entwicklung der hier einschlägigen Vorschriften
des § 804 und der §§ 829, 857 ZPO zu ermitteln, auf welcher Rechtslage
die Kommission, die im Jahre 1877 mit der Abfassung der CPO betraut
war, ihren Gesetzesentwurf aufgebaut hat. Denn wie *Wach*[9] einmal
gesagt hat, „verstanden wird also, was vor uns steht, nur dann, wenn
verstanden wird, wie es entstand".

§ 5 Darstellung der Rechtsauffassungen in den Ländern des Deutschen Reiches vor Einführung der CPO

Eine einheitliche Rechtsauffassung läßt sich zu der Frage, ob mit der
Zwangsvollstreckung nach damaliger Rechtsansicht ein Verfügungsverbot verbunden war, nicht feststellen; Deutschland hatte nämlich im
19. Jahrhundert kein einheitliches Vollstreckungssystem. Während bis
zur Mitte des 19. Jahrhunderts die Grundsätze des gemeinen Rechts
in der Form des „gemeinen Prozesses" noch Grundlage fast aller
Partikulargesetzgebung gewesen waren[10], änderte sich dies grundlegend
im Zuge der napoleonischen Gesetzgebung, die durch die damalige
Machtausdehnung Frankreichs unmittelbaren Einfluß auf die Partikulargesetzgebung gewann. Aber auch nach dem Abzug der französischen
Truppen kehrten viele deutsche Staaten in ihren Gesetzeswerken nicht
zu den Grundsätzen des gemeinen Rechtes zurück, sondern machten
das französische System zur Grundlage ihrer Gesetzgebung[11]. Diese
Entwicklung ging so weit, daß um die Mitte des 19. Jahrhunderts die
Länder, die ihre Zwangsvollstreckung nach dem französischen Prinzip

---

[8] So jedenfalls die Auffassung des Gesetzgebers; *Hahn,* Materialien zur
CPO, S. 450; and. Ans. heute zum Teil die Vertreter der öffentlich-rechtlichen
Theorie vom Pfändungspfandrecht.

[9] *Wach,* Handbuch, S. 130.

[10] *Dahlmanns,* Bd. I, S. 16.

[11] So z. B. die Rheinlande in §§ 5, 6, 10 der Rheinpreuß. Subhastationsordnung aus dem Jahre 1822; das ALR des Großherzogtums Baden; die Preuß.
KO aus dem Jahre 1855; (alle Angaben zitiert nach *von Meibom,* AcP 52,
295 ff.).

ausrichteten, denen, die sich weiter an die Grundsätze des gemeinen
Rechts hielten, zahlenmäßig die Waage hielten, wenn nicht gar über-
trafen.

I. Vergleich der Vollstreckungssysteme
nach französischem und gemeinem Recht

Der Hauptunterschied zwischen der Zwangsvollstreckung nach gemeinem und nach französischem Recht zeigt sich in der Reihenfolge
der Befriedigung mehrerer pfändender Gläubiger eines Schuldners.
Während im gemeinen Prozeß die Zwangsvollstreckung nach dem
Grundsatz „prior tempore potior jure" durchgeführt wurde, folgte
das französische Vollstreckungssystem dem „Ausgleichsprinzip", also
dem Grundsatz der gleichmäßigen Befriedigung aller pfändenden
Gläubiger[12]. Dieser Unterschied zwischen den beiden Vollstreckungs-
systemen hat aber nicht nur im Stadium der Erlösauskehrung an die
Gläubiger Bedeutung, sondern wirkt sich bereits in den unmittelbaren
Pfändungsfolgen aus. Nach gemeinem Recht erwarb der erstpfändende
Gläubiger ein Pfandrecht an der Sache, das, um die Durchführung des
Prioritätsprinzips zu gewähren, nicht nur allen später begründeten
Pfandrechten vorging, sondern den Gläubiger auch vor vollstreckungsvereitelnden Verfügungen des Schuldners schützte[13]. Im Einflußbereich
der französischen Gesetzgebung kannte man dagegen ein Pfandrecht
als Pfändungswirkung nicht[14], da ein solches Recht wegen seiner Rangfunktion nicht zum Ausgleichsprinzip paßt. Allerdings erkannte man
auch in diesen, am französischen Prinzip orientierten Vollstreckungs-
systemen die Notwendigkeit, der Pfändung Wirkung gegen Dritte zu
verschaffen, da sonst der Zwangsvollstreckung das erforderliche Durch-
setzungsvermögen fehlt. Daher war es allgemein anerkannt, daß die
nach dem Ausgleichsprinzip durchgeführte Pfändung den Gegenstand,
in den vollstreckt wird, der Verfügung des Schuldners entzieht[15], um
den Gläubiger vor vollstreckungsvereitelnden Verfügungen des Schuldners zu schützen. In den Teilen Deutschlands, in denen vor der Einführung der CPO das Ausgleichsprinzip anerkannt war, bewirkte
daher die Pfändung kein Pfändungspfandrecht, wohl aber einen Entzug der Verfügungsmacht des Schuldners; eine Rechtsfolge also, die —
wie eingangs der Arbeit ausgeführt[16] — dem heutigen Verfügungs-

---

[12] Art. 656 Code de procédure civile.

[13] Wobei hier offengelassen werden soll, ob es sich bei dem Pfandrecht
nach gemeinem Recht um ein echtes Pfandrecht im heutigen Sinne handelte.
Jedenfalls war es nach gemeinem Recht ein Recht, das einerseits Sicherungs-
und andererseits Rangfunktion für den Gläubiger hatte; siehe *von Meibom,*
AcP 52, 295 ff. (296) und weiter unten § 5 II.

[14] *von Meibom,* AcP 52, 295 ff. (302).

[15] Siehe *von Meibom,* AcP 52, 295 ff. (302).

verbot[17] entspricht. Zwar hat dieser Entzug der Verfügungsgewalt des Schuldners über den gepfändeten Gegenstand nur in wenigen der Gesetze, die sich dem französischen System angeschlossen hatten, expressis verbis seinen Ausdruck gefunden. Es wurde aber aus der Tatsache, daß der Staat nach französischem System die Zwangsvollstreckung aus eigener Machtbefugnis und nicht im „Auftrag" des Gläubigers durchführte, gefolgert, daß er „keine Veränderung der Rechtsstellung des gepfändeten Gegenstandes, wodurch derselbe der Exekution entzogen werden könne, anerkennen werde"[18]. Aber auch abgesehen von diesem stillschweigenden Entzug der Verfügungsmacht bewirkte die Pfändung beweglicher Sachen eine *tatsächliche* Verhinderung einer vollstreckungsschädlichen Verfügung des Schuldners, denn es war üblich — und meist auch zwingend vorgeschrieben[19] —, daß gepfändete bewegliche Sachen dem Gewahrsam des Schuldners entzogen wurden. Der Schuldner konnte daher schon aus tatsächlichen Gründen keine vollstreckungsvereitelnde Verfügung treffen. Deren Wirksamkeit war nämlich nach damaligem Rechte durch die Tradition bedingt[20]. Demzufolge findet sich in den Gesetzen, die dem französischen System folgten, nur dann eine Vorschrift, die ein Verfügungsverbot vorsah, wenn ein Gewahrsamsentzug nicht möglich oder nicht vorgesehen war — so z. B. bei der Vollstreckung in Immobilien[21].

Die vorstehenden Ausführungen scheinen dafür zu sprechen, daß das Verfügungsverbot lediglich eine Folge des Ausgleichsprinzips war, und daß in den Ländern, die dem Prioritätsprinzip folgten und daher ein Pfandrecht kannten, kein Bedarf für eine derartige Einschränkung der Verfügungsmacht des Schuldners bestand. Tatsächlich war auch durch das Pfandrecht der Pfändung bereits Wirkung gegen Dritte verschafft worden. Es bedurfte keiner weiteren Einschränkung der Verfügungsmacht des Schuldners, etwa durch ein Verfügungsverbot, um den Gläubiger vor vollstreckungsvereitelnden Verfügungen des Schuldners zu schützen. Es liegt also der Schluß nahe, daß nur die Vollstreckungssysteme, die sich am französischen Prinzip ausrichteten,

---

[16] Ein Verfügungsverbot ist seiner Natur nach eine Verfügungs*beschränkung*. Siehe oben § 2.

[17] Auch das gemeine Recht kannte bereits ein Veräußerungsverbot, das zu einem — teilweisen — Entzug der Verfügungsmacht des Betroffenen führte. *Motive* zum BGB, AT, S. 212.

[18] *von Meibom*, AcP 52, 295 ff. (316); *Dernburg*, S. 419.

[19] z. B. § 552 der Hannöverschen BPO von 1850. „Die gepfändeten Sachen müssen dann in Verwahrung gebracht, Kostbarkeiten ins Gericht geliefert werden." Es ist allerdings zu berücksichtigen, daß in diesem Gesetz die Zwangsvollstreckung auf dem Prioritätsgedanken aufbaut.

[20] *von Meibom*, AcP 52, 295 ff. (317).

[21] Art. 5, 6, 10 der Rheinpreuß. Subhastationsordnung von 1822 (zitiert nach *von Meibom*, AcP 52, 295 ff.).

ein Verfügungsverbot kannten, während nach gemeinem Recht die
Pfändungsfolgen sich auf ein — richterliches[22] — Pfandrecht be-
schränkten.

II. Der Streit um die Rechtsnatur des mit der
Pfändung nach gemeinem Recht verbundenen Pfandrechts

Der Schluß, daß das gemeine Recht kein Verfügungsverbot als Folge
der Pfändung kannte, ist aber voreilig, solange nicht untersucht worden
ist, welchen Inhalt dieses richterliche Pfandrecht hatte. Denn es ist
keineswegs selbstverständlich, daß es sich bei diesem Pfandrecht um
ein eigenes dingliches Recht des Gläubigers auf Befriedigung aus der
Pfandsache handelte; möglich wäre es auch, daß es lediglich ein einfaches Beschlagsvorrecht, verbunden mit einer Verfügungsbeschränkung
des Schuldners gewesen ist. Dann aber hätte das gemeine Recht genau
wie das französische — obwohl es auf dem Prioritätsgedanken auf-
baute — eine Verfügungsbeschränkung zugunsten des Gläubigers als
Folge der Pfändung gekannt.

Zweifel an dem Faustpfandcharakter dieses richterlichen Pfandrechtes treten auf, wenn man die Herkunft dieses Pfandrechtes betrachtet. Das richterliche Pfandrecht nach gemeinrechtlichem Prinzip
hat nämlich seinen Ursprung in dem römisch-rechtlichen Rechtsinstitut
des pignus in causa judicata captum[23]. Dieses pignus i. c. j. c. wurde
von der mit den römischen Quellen arbeitenden zeitgenössischen
Pandektenlehre zumeist als echtes Pfandrecht interpretiert[24]. Um die
Mitte des 19. Jahrhunderts mehrten sich aber in der Rechtslehre die
Stimmen[25], die dieses pignus i. c. j. c. lediglich als bloßes Beschlagsvorrecht, verbunden mit einer Einschränkung der Verfügungsmacht des
Schuldners über den gepfändeten Gegenstand, deuteten. Ausgangspunkt
für die Auseinandersetzung über die Frage, ob die pignoris capio,
also die Pfändung nach römischem Recht, ein echtes Pfandrecht erzeuge,

---

[22] Im Gegensatz zur heutigen Regelung lag nach gemeinem Recht die
Durchführung der Pfändung in den Händen des Prozeßgerichts. *Wetzell,*
§ 50 I 1; *Dernburg,* S. 419; *Windscheid* (5. Aufl.), § 233, S. 745. Siehe zur kodi-
fikatorischen Entwicklung vom gemeinrechtlichen System der Einheit von
Kognition und Zwang im richterlichen „Officium" über die einfache Über-
nahme des frz. huissiers (§ 643 Han. PO 1864/66) bis hin zum Gerichtsvollzieher heutiger Prägung, *Gaul,* Rpfleger 71, S. 1 ff. (81 ff.).

[23] *Olshausen,* S. 14, „Die römisch-rechtlichen Grundsätze über das pignus
i. c. j. c. sind gemeines Recht geworden." So auch die Zivilprozeßrechtslehr-
bücher zum gemeinen Recht, siehe nur *Wetzell,* § 50.

[24] *Stölzel,* AcP XLV (45), 254 ff. (272 f.) und die dortigen Nachweise;
Waldeck, AcP LV (55), 482 ff. (484) bei N. 6 und die dortigen Nachweise;
Falkmann, S. 629, 630; *von Bethmann-Hollweg,* S. 696.

[25] *Dernburg,* S. 419; *Windscheid* (5. Aufl.), § 233, S. 745; *Olshausen,* S. 13 ff.;
Renaud, § 168; *Demelius,* S. 8 ff.; *Wetzell,* § 50, S. 636 Fn. 13 a und *von Meibom,* AcP 52, 295 ff. (296), der allerdings nur auf diesen Streit hinweist.

war die Frage nach der Stellung des Exekutionsrichters. *Dernburg*[26] war der Ansicht, daß es der Stellung des römischen Magistrats allein entspräche, daß er in eigenem und nicht im Namen des Gläubigers auftrete, da er ausschließlich in Erfüllung einer *öffentlichen* Aufgabe handele. Der dem Gläubiger hierbei gewährte Schutz habe daher keinen privatrechtlichen — wie es einem Pfandrecht entspräche —, sondern einen öffentlich-rechtlichen Charakter. Allerdings hegt Dernburg Zweifel, ob sich diese dem spätrömischen Recht eigene Art der Durchführung der Zwangsvollstreckung auf das gemeine Recht übertragen hat, da „bei uns der Richter häufig als Gehülfe, als Diener der Angelegenheiten der Parteien handeln"[27] müsse und letztere wohl „Auftraggeber" des Gerichtes seien.

von Meibom[28], *Olshausen*[29], *Windscheid*[30] und *Wetzell*[31] halten es dagegen für selbstverständlich, daß sich diese römisch-rechtlichen Grundsätze auch im gemeinen Recht durchgesetzt haben. Denn „es ist nicht nur tatsächlich das Verfahren bei der Abpfändung unverändert geblieben, sondern auch heute ist der Civilprozeß ein Theil des öffentlichen Rechts, was sich gerade in zahlreichen Bestimmungen über die Execution ausprägt"[32]. *von Meibom*[33] geht sogar so weit, daß er in den Fällen, in denen der Gläubiger mit Genehmigung des Gerichts die Zwangsvollstreckung beim Schuldner selbst durchführt, die Zwangsvollstreckung noch als „Ausübung hoheitlicher Amtsbefugnisse" bezeichnet. Mit dieser konsequent hoheitlichen Betrachtung der Zwangsvollstreckung ließ es sich nicht vereinbaren, das pignus i. c. j. c. als echtes eigenes dingliches Recht des Gläubigers auf Verwertung der Pfandsache auszulegen. Dennoch maßen die Vertreter dieser Auffassung dem pignus i. c. j. c. alle Wirkungen bei, die notwendig waren, um die Einhaltung des im gemeinen Recht geltenden Prioritätsprinzips zu verwirklichen. So hatte dieses pignus i. c. j. c. nicht nur einfache Rangwirkung im Verhältnis mehrerer Gläubiger untereinander, sondern es behielt seine Wirkung auch im Konkurs des Schuldners bei. Wenn man dieses „Beschlagsvorrecht" das „privilegium exigendi" auch als ein lediglich persönliches Recht des Gläubigers auffaßte, so stellte doch die gemeinrechtliche Praxis die Gläubiger, für welche vor dem Konkurs des Schuldners die Zwangsvollstreckung erfolgte, unter die

---

[26] *Dernburg*, S. 419.
[27] *Dernburg*, S. 419.
[28] *von Meibom*, Pfandrecht, S. 126 ff.
[29] *Olshausen*, S. 13 ff.
[30] *Windscheid* (5. Aufl.), § 233, S. 745.
[31] *Wetzell*, § 50, S. 636 Fn. 13 a.
[32] *Olshausen*, S. 15.
[33] *von Meibom*, Pfandrecht, S. 126 ff.

Pfandgläubiger und gewährte ihnen die gleichen Rechte im Konkurs wie den „echten" Pfandgläubigern[34].

Die Lösung für die hier interessierende Frage nach der Art der mit der Pfändung verbundenen notwendigen Wirkung gegen Dritte ergab sich für die Vertreter der Ansicht, daß das pignus i. c. j. c. kein echtes Pfandrecht sei, ebenfalls aus dem von ihnen als hoheitlich erkannten Charakter der Zwangsvollstreckung. Es war für sie eine selbstverständliche Wirkung der Pfändung, daß der Schuldner in seiner Verfügungsmacht über den gepfändeten Gegenstand beschränkt wird, da der Einzelwille einer Privatperson nicht einen aus der Amtsgewalt des Richters fließenden Akt unwirksam machen könne[35]. Die Vertreter der Auffassung, daß das pignus i. c. j. c. nicht als echtes Pfandrecht interpretiert werden könne, berufen sich also in erster Linie[36] auf den hoheitlichen Charakter der Zwangsvollstreckung. Ausfluß des hoheitlichen Charakters der Zwangsvollstreckung ist dieser Ansicht nach die Einschränkung des Schuldners in seiner Verfügungsmacht über den gepfändeten Gegenstand[37].

Man kann daher sagen, daß in den deutschen Staaten, die ihr Vollstreckungssystem entsprechend den Grundsätzen des gemeinen Pro-

---

[34] *Olshausen*, S. 20; *von Meibom*, AcP 52, 295 ff. (296).

[35] *Olshausen*, S. 19; *Windscheid* (5. Aufl.), § 233, S. 745; *Dernburg*, S. 419; (Dabei ist zu beachten, daß man auch damals bereits erkannte, daß die Einschränkung des Schuldners nicht weiter gehen dürfe, als der Zweck der Zwangsvollstreckung es erforderte. Siehe hierzu ausführlich: *Olshausen*, S. 19).

[36] Die anderen Gründe, die insbesondere *Olshausen*, S. 15 ff. für diese neue Lehre anführt, gleichen den Argumenten, die heute von den Vertretern der reinen öffentlich-rechtlichen Theorie vom Pfändungspfandrecht zur Begründung ihrer Lehre angeführt werden. So z. B.: Der Zweck des zivilrechtlichen Pfandrechtes liege in der Sicherung einer künftigen Befriedigung, der Zweck des pignus i. c. j. c. liege dagegen in der Befriedigung selbst; außerdem bringe das pignus i. c. j. c. im Gegensatz zum zivilrechtlichen Pfandrecht für den Gläubiger weder Rechte noch Pflichten mit sich, etc. Siehe zum Vergleich heute: *Martin*, S. 96 - 134. Dabei darf ein Unterschied zwischen der Rechtslage nach gemeinem Recht und der heutigen ZPO nicht übersehen werden: Während es heute angesichts der positiv-rechtlichen Regelung in § 804 ZPO nicht gut möglich ist, das Pfandrecht aus der ZPO „herauszuinterpretieren", so war die damalige Rechtslehre nicht durch eine derartige gesetzliche Vorschrift gebunden.

[37] Beachtenswert ist übrigens, daß auch die deutschrechtliche obrigkeitliche Pfändung von Mobilien (die die eigenhändige Vollstreckung des Gläubigers ablöste — siehe hierzu genauer *Stein*, Grundriß, § 127 VI 2) im Exekutionsverfahren dem Gläubiger kein eigenes dingliches Recht an der Pfandsache gewährte. Die Pfändung führte in ihrem ersten Abschnitt lediglich zu einer Dispositionsbeschränkung des Schuldners zur Sicherung des Gläubigers und in ihrem zweiten Abschnitt berechtigte sie den Gläubiger aufgrund der „Gewere" zu Verfügungen über den Pfandgegenstand gegenüber Dritten, die sonst nur dem Eigentümer-Schuldner zustanden Die Prävention unter mehreren Gläubigern bestimmte sich nach der Priorität des staatlichen Zwangszugriffs auf die Pfandsache. Siehe hierzu *Olshausen*, S. 21 Fn. 40; *von Meibom*, Pfandrecht, S. 135 - 147, 455 ff.

zesses nach dem Prioritätsprinzip ausrichteten, Einigkeit bezüglich der Notwendigkeit, der Pfändung Wirkung gegen Dritte beizumessen und der Notwendigkeit, dem pfändenden Gläubiger ein Vorzugsrecht vor späteren Pfändungen zu gewähren, bestand. Außerordentlich streitig war jedoch, auf welche Weise diese erwünschten Pfändungsfolgen erreicht werden sollten. Die unterschiedlichen Auffassungen zu dieser Frage spiegeln sich denn auch in den Partikularrechten dieser Staaten wieder. So reicht die Konstruktion der Pfändungsfolgen in den einschlägigen Gesetzen vom „wirklichen Pfandrecht"[38] über ein „Vorzugsrecht" nach Art eines „Pfandrechts"[39] bis hin zum Anspruch des Gläubigers auf prioritätsmäßige Verteilung, verbunden mit einem Verfügungsverbot zu Lasten des Schuldners[40].

Ausgangspunkt für diesen Streit war aber, wie die Arbeiten von *Dernburg* und *Olshausen* zeigen, die Frage, ob die Zwangsvollstreckung privatrechtlich oder aber hoheitlich durchgeführt wurde. Diejenigen, die die Pfändung privatrechtlich auffaßten, gewährten dem Gläubiger konsequent ein eigenes dingliches Recht an der Pfandsache — das Pfandrecht —, das den Gläubiger nicht nur vor vollstreckungsvereitelnden Verfügungen des Schuldners schützt, sondern ihn auch dazu berechtigt, mit Hilfe des Exekutionsrichters die Zwangsvollstreckung durchzuführen[41]. Diejenigen, die die Pfändung hoheitlich auffaßten, lehnten ein solches eigenes Recht des Gläubigers ab. Der nötige Schutz des Gläubigers werde durch die ohnehin aus dem hoheitlichen Zwangszugriff entstehende Verfügungsbeschränkung des Schuldners erreicht, und die rangmäßige Befriedigung des Gläubigers könne durch ein einfaches Vorzugsrecht erlangt werden. Selbst für die Konstruktion des

---

[38] So die §§ 341, 342 AGO für Österreich (Mai 1871) (zitiert nach *von Meibom*, AcP 52, 295 ff. [300]).

[39] § 181 des Pfandgesetzes für das Großherzogtum Hessen aus dem Jahre 1858 (zitiert nach *von Meibom*, AcP 52, 295 ff., 299, 300).

[40] § 598 der Han. BPO von 1850 regelt den Anspruch auf prioritätsmäßige Verteilung und § 550 der Han. BPO sieht ein Verfügungsverbot vor, allerdings mit der Folge der Nichtigkeit der verbotenen Verfügung. Ob jedoch *Leonhardt*, der der Schöpfer dieses Gesetzes ist, mit dieser Regelung des Pfändungspfandrechts, wie *R. Schmidt*, Festschrift für Lehmann, S. 319 ff. (329 Fn. 3) behauptet, bewußt als „unnötige und begriffskonstruktive Belastung" abgestoßen hat, ist zweifelhaft. Ein Vergleich mit dem Entwurf des preußischen Justizministeriums aus dem Jahre 1871, der ebenfalls unter *Leonhardts* Verantwortung entstand, zeigt nämlich, daß *Leonhardt* später ausdrücklich von dem in § 550 BPO vorgesehenen Verfügungsverbot wieder abgeht und ein Pfändungspfandrecht einführt. Als Begründung führt er hierzu allerdings lediglich an, die in § 550 BPO an eine verbotswidrig getroffene Verfügung geknüpfte Sanktion (nämlich die Nichtigkeit der Verfügung) ginge über den Zweck der Pfändung hinaus. Das ist aber gleichzeitig ein Beweis dafür, daß hier keine dogmatische Auseinandersetzung mit der Rechtsnatur des Pfändungspfandrechts stattgefunden hat.

[41] *von Bethmann-Hollweg*, S. 696; insofern unentschieden, *Endemann*, S. 994 Fn. 8.

Pfandverkaufs benötige man ein Pfandrecht nicht, denn „die Verkaufsbefugnis ist richtiger aus den Amtsbefugnissen des Gerichts als aus einem dinglichen Privatrecht des Klägers abzuleiten"[42].

Der Überblick über die Zwangsvollstreckungssysteme der deutschen Staaten vor Einführung der ZPO hat gezeigt, daß der Gesichtspunkt, die Pfändung könne generell zu einer Verfügungsbeschränkung des Schuldners führen, nicht erst seit Stein[43] zum prozeßrechtlichen Gedankengut gehört, sondern daß er bereits vor Einführung der ZPO in der Rechtslehre erörtert worden ist[44]. In einzelnen deutschen Staaten galt das Verfügungsverbot — wie wir gesehen haben — sogar als so selbstverständliche Pfändungswirkung, daß es nicht für notwendig gehalten wurde, eine entsprechende Vorschrift in den Gesetzestext aufzunehmen[45]. Es liegt nahe anzunehmen, daß es für den Gesetzgeber von 1877 ebenfalls so selbstverständlich war, der Pfändung die Wirkung einer Verfügungsbeschränkung des Schuldners beizumessen, daß er von einer ausdrücklichen Aufnahme des Verfügungsverbotes in den Gesetzestext absah. Diese Folgerung ist aber schon deswegen nicht berechtigt, weil die entsprechenden Partikularrechte, die die Einschränkung der Verfügungsmacht als selbstverständlich hielten, das Vollstreckungsverfahren nach dem Ausgleichsprinzip ausrichteten, während durch die ZPO das Prioritätsprinzip allgemein als Grundlage der Vollstreckung eingeführt wurde[46]. Es können daher nur die Partikularrechte, die die Vollstreckung entsprechend der ZPO nach dem Prioritätsprinzip durchführten, als Grundlage der CPO von 1877 angesehen werden. Zwar war der Rechtslehre, die sich mit dem gemeinen Recht befaßte, der Gedanke, daß die Pfändung ein Verfügungsverbot zu Lasten des Schuldners bewirken könne, auch durchaus geläufig; keinesfalls galt aber dieser Gedanke als so selbstverständlich, daß er einer ausdrücklichen Erwähnung nicht bedurft hätte. Im Gegenteil: im Geltungsbereich des gemeinen Rechts war es in der Rechtslehre außerordentlich streitig, ob die Pfändung ausschließlich ein „echtes" Pfandrecht zugunsten des Gläubigers bewirkte oder ob stattdessen die Pfändungsfolgen sich auf ein Verfügungsverbot zu Lasten des

---

[42] von Meibom, AcP 52, 295 ff. (311); Olshausen, S. 15 ff.; Dernburg, S. 419; Windscheid (5. Aufl.), § 233, S. 754. Mit dieser letzten Erkenntnis war von Meibom seiner Zeit weit voraus. Erst in neuester Zeit drängt wieder die Auffassung vor, daß weder Pfändungspfandrecht noch Verstrickung Grundlage der Verwertung sein können, sondern ausschließlich die gesetzliche Regelung, aufgrund deren der Staat ermächtigt wird, in die Eigentumsrechte des Schuldners einzugreifen. So zuerst Huber, S. 50 ff.; ebenso Henckel, S. 323 und Gaul, Rpfleger 71, 1 ff. (4).

[43] Stein, Grundfragen, S. 26 f.

[44] Siehe oben § 5 II.

[45] Siehe oben § 5 I bei Fn. 17.

[46] Siehe § 804 II ZPO.

Schuldners, verbunden mit einem einfachen Beschlagsvorrecht zugunsten des Gläubigers, beschränken sollten. Die Kommission, die mit der Abfassung der CPO betraut war, konnte also bezüglich der Frage, ob die Pfändung in Zukunft ein Verfügungsverbot bewirken solle, nicht auf eine gesicherte Lehre im gemeinen Recht zurückgreifen. Sie mußte entweder eigene Vorstellungen entwickeln, oder aber sich für eine der bisher zu dieser Frage vertretenen Ansichten entscheiden.

Um aber feststellen zu können, ob und gegebenenfalls wie der Gesetzgeber zu dem Streit bezüglich des Verfügungsverbotes Stellung genommen hat, soll hier noch einmal zusammengefaßt werden, welchen Ausgangspunkt und welchen Inhalt dieser Streit in der Rechtslehre zum gemeinen Recht hatte.

1. Die Zwangsvollstreckung sollte den Gläubiger vor vollstreckungsvereitelnden Verfügungen des Schuldners sichern und ihm die rangmäßige Befriedigung vor später pfändenden Gläubigern gewährleisten.

2. Wie diese als notwendig erkannte Pfändungsfolge bewirkt werden konnte, hing davon ab, ob man die Zwangsvollstreckung als Ausübung hoheitlicher Tätigkeit auffaßte oder ob man sie als einen Vorgang auf dem Gebiete des Privatrechts in der Form ansah, daß der Staat nur in Vertretung für den Gläubiger handele. Mit der ersteren Auffassung war es nach Ansicht der damaligen Rechtslehre unvereinbar, daß die Pfändung dem Gläubiger ein eigenes dingliches Recht, ein Pfandrecht, gewähre; sie konnte danach lediglich ein Beschlagsvorrecht für den Gläubiger, verbunden mit einer Verfügungsbeschränkung zu Lasten des Schuldners, zur Folge haben.

3. Jedenfalls schloß nach damaliger Auffassung die Annahme eines Pfandrechtes die Annahme eines Verfügungsverbotes — und umgekehrt — aus, da man die Zwangsvollstreckung entweder gänzlich als Ausübung hoheitlicher oder aber ganz als Ausübung privatrechtlicher Tätigkeit auffaßte. Noch von Tuhr bezeichnet das Nebeneinander von Pfändungspfandrecht und Verfügungsverbot, wie es die heute herrschende Lehre vertritt, als eine „überflüssige"[47] und dem Zwangsvollstreckungsrecht„ inadäquate"[48] Maßregel.

§ 6 Rechtsfolgen der Pfändung nach Einführung der CPO im Jahre 1877

Wie bereits eingangs festgestellt, hat die Kommission, die mit der Abfassung der CPO betraut war, weder im Gesetzestext, noch in den Materialien zu der Frage des Verfügungsverbotes als Pfändungsfolge

---

[47] *von Tuhr*, AT, Bd. 2, 2. Hälfte, S. 14.
[48] *von Tuhr*, AT, Bd. 2, 2. Hälfte, S. 14 Fn. 89.

ausdrücklich Stellung genommen. Wenn es daher auch zunächst zweifelhaft erscheint, ob der Gesetzgeber zu dem damals bestehenden Streit in der Rechtslehre überhaupt eine Entscheidung getroffen hat, so zeigt doch eine andere, ausdrücklich in der ZPO geregelte Pfändungsfolge, daß dieser Eindruck täuscht.

I. Rechtsnatur des Pfändungspfandrechts
nach dem Willen des Gesetzgebers

Nach § 804 ZPO erwirkt der Gläubiger mit der Pfändung ein Pfandrecht an dem gepfändeten Gegenstand. Dies allein sagt aber noch nichts darüber aus, ob dieses „Pfandrecht" nicht in Wirklichkeit lediglich ein Beschlagsvorrecht für den Gläubiger, verbunden mit einer Verfügungsbeschränkung des Schuldners, ist. Auch die pignoris capio verband mit der Pfändung ein „Pfandrecht" — das pignus i. c. j. c. —, eine Rechtsfolge, die, wie wir gesehen haben, den Streit um das Verfügungsverbot nicht entschied, sondern diesen Streit vielmehr erst auslöste. Aus der Tatsache, daß die ZPO in § 804 ein Pfändungspfandrecht als Folge der Zwangsvollstreckung vorgesehen hat, kann nur dann etwas für die Frage nach dem Verfügungsverbot gefolgert werden, wenn der Gesetzgeber mit dem „Pfandrecht" des § 804 ZPO dem Gläubiger ein eigenes dingliches Recht an der Pfandsache verschaffen wollte, wonach der Gläubiger berechtigt sein sollte, Befriedigung aus der Pfandsache zu erlangen. Wenn nun auch die heutige Fassung des § 804 ZPO nicht unbedingt den Schluß erfordert, daß das Pfändungspfandrecht ein echtes Faustpfandrecht sein sollte, so zeigt doch die Entstehungsgeschichte dieser Vorschrift, daß der Gesetzgeber mit § 804 ein solches Recht schaffen wollte[49]. Das ergibt § 658 II 1 des ersten Entwurfs zur CPO (heute § 804 II 1 ZPO), wo es heißt: „Kraft dieses Pfandrechtes kann der Gläubiger aus dem gepfändeten Gegenstande seine Befriedigung vor anderen Gläubigern verlangen[50]." Damit war klargestellt, daß es sich bei diesem Pfandrecht um ein echtes dingliches Privatrecht des Gläubigers handeln sollte. Wenn auf Wunsch des Abgeordneten Struckmann diese Vorschrift im zweiten Entwurf geändert wurde und den heutigen Inhalt erhielt (siehe § 709 II 1, 2. Entw. zur CPO, heute § 804 II 1 ZPO), so bezweckte dies lediglich, „den Gedanken des Faustpfandes noch mehr hervorzugeben und zugleich den vorliegenden Entwurf mit dem der Konkursordnung in Einklang zu bringen"[51].

---

[49] *Hahn*, Materialien zur CPO, S. 450: „Das Pfändungspfandrecht ist vom Entwurf als echtes Pfandrecht konstruiert."
[50] *Hahn*, Materialien zur CPO, S. 84.
[51] *Hahn*, Materialien zur CPO, S. 827.

Mit der Einführung eines solchen echten Faustpfandrechtes hat sich die Kommission der privatrechtlichen Auffassung von der Zwangsvollstreckung angeschlossen[52]. Damit könnte aber gleichzeitig die Entscheidung gegen die Aufnahme eines Verfügungsverbotes als Pfändungsfolge getroffen sein, da diese — wie oben ausgeführt — Ausfluß nur des hoheitlichen Charakters der Zwangsvollstreckung sein kann.

II. Wirkungen des in §§ 829, 857 ZPO vorgesehenen „inhibitoriums"

Zweifel an der Gültigkeit dieser Folgerung ergeben sich aber, wenn man die Regelung der §§ 829 und 857 ZPO betreffend die Forderungspfändung betrachtet. In beiden Vorschriften ist von einem „Gebot" die Rede, das an den Schuldner mit dem Inhalt zu erlassen ist, sich jeder Verfügung über die Forderung zu enthalten. Diese Formulierung legt es nahe, dieses sogenannte „inhibitorium" als Verfügungsverbot im Sinne der §§ 135, 136 BGB zu verstehen. Da sich außerdem aus der Stellung der Forderungspfändung im Gesetz[53] ergibt, daß diese auch ein Pfändungspfandrecht bewirkt, scheint der Gesetzgeber in diesen Fällen ein Nebeneinander von Pfändungspfandrecht und Verfügungsverbot beabsichtigt zu haben. Dies würde jedoch mit der oben aufgestellten These[54], daß sich jedenfalls nach dem Stand der damaligen Lehre diese Pfändungswirkungen gegenseitig ausschlossen, nicht in Einklang stehen.

Aus den Materialien zu diesen Vorschriften der ZPO ergeben sich aber Bedenken, ob der Gesetzgeber mit dem inhibitorium tatsächlich ein Verfügungsverbot als Wirkung der Forderungspfändung normieren wollte. Berücksichtigt man nämlich die Tatsache, daß im gemeinen Recht eine Verfügungsbeschränkung nach Art eines Verfügungsverbotes im heutigen Sinn zwar durchaus bekannt, seine Wirkungen im einzelnen aber umstritten waren[55], so ist es erstaunlich, daß er sich hierzu mit keinem Wort geäußert hat. In anderen Fällen, in denen die CPO umstrittene Rechtsfiguren des Privatrechts berührte, hat der Gesetz-

---

[52] So im Ergebnis: *von Tuhr*, AT, Bd. 2, 2. Hälfte, S. 13/14; *K. Hellwig / Oertmann*, System II, S. 297 Fn. 1 a. Daß das Gesetz noch von einer ausschließlich privatrechtlichen Auffassung ausgegangen ist, wird auch heute selbst von Vertretern der extrem öffentlich-rechtlichen Theorie nicht bestritten.

[53] § 804 steht in dem Kapitel: Die Zwangsvollstreckung im allgemeinen. Diese allgemeinen Regeln müssen aber, wenn nicht ausdrücklich etwas anderes vorgesehen ist, auch auf die Spezialfälle der Pfändung, wie die Forderungspfändung, Anwendung finden. Daher ist es auch allgemeine Ansicht, daß die Forderungspfändung ein Pfändungspfandrecht bewirkt. Siehe nur *Thomas / Putzo*, § 829 Anm. 6 c.

[54] Siehe oben § 5 II 3.

[55] *Motive* zum BGB AT, S. 212.

geber die Regelung entweder bis zur Abfassung des BGB zurück-
gestellt[56], oder selbst ein klärendes Wort gesprochen[57]. Diesen Zweifeln
entspricht es auch, daß der Gesetzgeber beim inhibitorium nicht von
einem „Verbot", sondern lediglich von einem „Gebot" spricht. Nun ist
Binding zwar der Auffassung, das Wort „Gebot" sei „selbstverständlich" als Verbot aufzufassen[58], ob dies aber wirklich so selbstverständlich ist, scheint angesichts der Tatsache, daß der Gesetzgeber beim
arrestatorium ausdrücklich von einem Verbot spricht, zumindest
zweifelhaft.

Abgesehen von diesen formalen Argumenten zeigt aber auch ein Hinweis in den Materialien, daß der Gesetzgeber dem inhibitorium in der
Forderungspfändung jedenfalls nicht die Wirkung einer Verfügungsbeschränkung des Schuldners beimessen wollte. Es heißt dort, der
Gläubiger solle „namentlich zur Verhütung nachteiliger Verfügungen
des Schuldners darauf bedacht sein, daß die Zustellung an den Drittschuldner vor derjenigen an den Schuldner geschieht"[59]. Diese Empfeh-
lung wäre aber überflüssig, wenn dem inhibitorium die Wirkung der
§§ 135, 136 BGB zukäme.

Außerdem würde die Annahme, daß bereits das inhibitorium ein
Verfügungsverbot enthalte, zu Konsequenzen führen, die nicht in das
System der Zwangsvollstreckung passen. Zu berücksichtigen ist nämlich, daß sich aus § 829 III ZPO und bereits aus den Materialien zur
CPO[60] ergibt, daß die Pfändung einer Forderung erst mit Zustellung an
den Drittschuldner bewirkt sein soll. Dieser Ansicht hat sich die Lehre
einhellig angeschlossen[61]. Mißt man nun der Zustellung des inhibitoriums die Wirkung eines Verfügungsverbotes nach §§ 135, 136 BGB zu,
so könnte die Zwangsvollstreckung in Forderungen bereits vor der
Zustellung des arrestatoriums, also vor der eigentlichen Pfändung,
Wirkungen haben, die denen der Pfändung ähnlich sind. Erfolgt nämlich die Zustellung des inhibitoriums an den Schuldner vor der
Zustellung des arrestatoriums an den Drittschuldner, wäre die Forderung zwar noch nicht wirksam gepfändet, aber — unterstellt, dem
inhibitorium käme die Wirkung des Verfügungsverbotes zu — bereits

---

[56] So im Fall der Zwangsversteigerung und Zwangsverwaltung. Hier wurde
die Regelung bis zu der Vereinheitlichung des Liegenschaftsrechts im BGB
aufgeschoben. *Hahn*, Materialien zur CPO, S. 462.

[57] So im Fall des Pfändungspfandrechts. Die Bestimmung des § 804 II ZPO
wurde nur deshalb ins Gesetz aufgenommen, weil zur Zeit der Einführung
der CPO noch keine einheitliche Wirkung des Pfandrechts gegen Dritte
kodifiziert war. *Hahn*, Materialien zur CPO, S. 450.

[58] *Binding*, S. 613 Fn. 2.

[59] *Hahn*, Materialien zur CPO, S. 457.

[60] *Hahn*, Materialien zur CPO, S. 457.

[61] Siehe nur *Thomas / Putzo* zu § 829 Anm. 5 bb; *Rosenberg*, § 193 b II 2.

der Verfügungsmacht des Schuldners nach §§ 135, 136 entzogen[62]. Die Zustellung des inhibitoriums vor der des arrestatoriums hätte dann wegen der Regelung in § 135 I 2 BGB, § 772 ZPO bereits eine Rangsicherung des Gläubigers zur Folge. Würde nämlich in der Zwischenzeit (also noch vor der Zustellung an den Drittschuldner) ein Zweiter die Forderung pfänden, so wäre sein Pfandrecht nach § 135 I 2 BGB dem erstpfändenden Gläubiger gegenüber unwirksam[63]. Dem zweiten Gläubiger würde wegen der Regelung in § 772 ZPO die Forderung nicht überwiesen werden[64]. Der erste Gläubiger würde also, sobald er die Zustellung an den Drittschuldner nachgeholt hätte, trotz der vorher bewirkten Pfändung des zweiten Gläubigers das Recht auf vorrangige Befriedigung erhalten. Es kann aber kaum angenommen werden, daß der Gesetzgeber mit der Regelung des inhibitoriums dem Gläubiger die Möglichkeit anhand geben wollte, sich bereits vor der eigentlichen Pfändung ein Recht auf vorrangige Befriedigung zu verschaffen. Das Gesetz kennt zwar im Rahmen der Forderungspfändung eine solche Möglichkeit; sie ist aber in einem gesonderten Verfahren, dem Verfahren der Vorpfändung nach § 845 ZPO, geregelt. Mit der Vorpfändung erreicht der Gläubiger nach § 845 ZPO eine auflösend bedingte Arrestpfändung[65]. Diese bewirkt ein Recht auf vorrangige Befriedigung vor all den Gläubigern, die erst nach der Vorpfändung, aber vor der eigentlichen Pfändung, die Forderung ihrerseits gepfändet haben[66]. § 845 ZPO macht den Eintritt der Rangsicherung des Gläubigers allerdings von Voraussetzungen abhängig, die das inhibitorium nicht erfordert[67]. Die Wirkung der Vorpfändung ist nach § 845 II ZPO zum einen

---

[62] Hierin sehen *Bellersen*, S. 4; *von Tuhr*, 2. Bd., 2. Hälfte, S. 14; *K. Hellwig / Oertmann*, System II, S. 337 und *K. Hellwig*, Rechtskraft, S. 106 Fn. 4 die einzige Wirkung des inhibitoriums, das sonst z. B. von Tuhr als „überflüssige Maßregel" empfindet.

[63] Dieser Schlußfolgerung steht auch nicht entgegen, daß man heute die §§ 772 ZPO, 135 I 2 BGB auf ein durch eine Pfändung bewirktes Verfügungsverbot nicht anwendet (siehe hierzu *Stein / Jonas / Münzberg*, § 772 Anm. I 2, denn anderenfalls wären die in §§ 826, 853 ZPO zugelassenen mehrfachen Pfändungen alle unzulässig und unwirksam). In dem hier erörterten Fall handelt es sich ja nicht um eine, durch eine *bewirkte* Zwangsvollstreckung erlassene Verfügungsbeschränkung, sondern um eine *vor* der Bewirkung der Zwangsvollstreckung ergangene derartige Beschränkung, da die Bewirkung der Zwangsvollstreckung von der — hier nicht erfolgten — Zustellung an den Drittschuldner abhängt.

[64] § 772 ZPO ist allerdings bloße Ordnungsvorschrift. Eine dennoch erfolgte Überweisung ist also demnach wirksam. *Thomas / Putzo*, § 772 Anm. 3; *Stein / Jonas / Münzberg*, § 772 Anm. II 1; allerdings tritt die Wirkung dieser Überweisung nicht zum Nachteil der nach § 135 BGB geschützten Person ein. *Stein / Jonas / Münzberg*, § 772 Anm. II 1.

[65] *Thomas / Putzo*, § 845 Anm. 5.

[66] *Thomas / Putzo*, § 845 Anm. 5.

[67] Mit diesem Argument wendet sich insbesonder *Raape*, S. 132 gegen die Auffassung, das inhibitorium habe die Wirkung einer Verfügungsbeschränkung; *von Tuhr*, AT, 2. Bd., 2. Hälfte, S. 13 f., der diese Konsequenz auch

auflösend bedingt durch das Einhalten der dreiwöchigen Frist bis zur Nachholung der eigentlichen Pfändung, und zum anderen ist sie konstitutiv bedingt durch die Zustellung der Pfändungsbenachrichtigung an den Drittschuldner. Dies zeigt, daß der Gesetzgeber den Eintritt der Rangsicherung des Gläubigers bei der Forderungspfändung grundsätzlich von der Zustellung an den Drittschuldner abhängig gemacht hat[68]. Mit diesem Grundsatz ist es nicht vereinbar, dem inhibitorium die Wirkung eines Verfügungsverbotes beizumessen. Dies würde sonst, wie oben aufgezeigt, unabhängig von der Zustellung des arrestatoriums bereits eine Rangsicherung des Gläubigers herbeiführen, die nicht nur zeitlich unbegrenzt wäre, sondern von der auch der betroffene Drittschuldner nichts erführe. Die Tatsache, daß der Gesetzgeber den Ausnahmefall, daß bereits vor der eigentlichen Pfändung pfändungsähnliche Wirkungen erzeugt werden können, in ein besonderes Verfahren nach § 845 ZPO verwiesen hat, läßt den Umkehrschluß zu, daß über diesen einen Fall hinaus eine solche Ausnahme nicht möglich sein soll. Angesichts all dieser Bedenken kann man *nicht* annehmen, daß der Gesetzgeber dem inhibitorium die Wirkung eines Verfügungsverbotes beimessen wollte[69], wenn auch der Wortlaut des Gesetzes diese Auslegung nahelegt.

Auch aus der Vorschrift des § 857 II ZPO ergibt sich nicht die Notwendigkeit, dem inhibitorium die Wirkung eine Verfügungsverbotes beizumessen. Hier gilt zwar nicht das Argument, die Zustellung des inhibitoriums könnte dann unzulässigerweise wie eine Vorpfändung wirken, da im Fall des § 857 II ZPO die Zustellung des inhibitoriums bereits die Pfändung mit allen ihren Folgen, wie z. B. dem Pfändungspfandrecht, bewirkt. Ein zeitliches Auseinanderfallen ist also hier im Gegensatz zu § 829 ZPO nicht möglich. Wenn aber auch nach § 857 II ZPO die Pfändungswirkungen mit der Zustellung des inhibitoriums eintreten, so nicht deshalb, weil das inhibitorium als ein Verfügungsverbot wirkt, sondern deshalb, weil diese Zustellung der einzige nach

---

erkennt, aber wegen der Formulierung des § 829 meint, nicht umhin zu können, ein Verfügungsverbot anzunehmen, hilft sich, indem er die Vorschrift des § 135 I 2 BGB in diesem Zusammenhang für unanwendbar erklärt; *Hachenburg*, S. 235, der auch diese Schwierigkeit sieht, aber ebenfalls meint, dem inhibitorium die Wirkung eines Verfügungsverbotes beimessen zu müssen, versucht einen anderen Lösungsweg. Seiner Ansicht nach ist zwar das inhibitorium ein Verfügungsverbot, dessen Wirkung aber erst mit der Zustellung des arrestatoriums an den Drittschuldner entstehen soll. Damit mißt er aber in Wirklichkeit nicht dem inhibitorium, sondern der bewirkten Pfändung diese Wirkung bei.

[68] Die Regelung des § 857 II ZPO ist nur scheinbar eine Ausnahme von diesem Grundsatz. Da § 857 II ZPO den Fall regelt, in dem ein Drittschuldner nicht vorhanden ist, ist dieser Grundsatz gegenstandslos.

[69] So im Ergebnis *Raape*, S. 132; *W. A. Müller*, S. 168; *Weigelin*, S. 55; *Stein / Jonas*, 14. Aufl., § 829 Anm. 4.

außen in Erscheinung tretende Pfändungsakt ist. Die Regelung des
§ 857 II ZPO enthält keine dogmatische Entscheidung über den Inhalt
des inhibitoriums, sondern entspricht einem praktischen Erfordernis.
Wenn also das inhibitorium in § 829 ZPO nicht als ein Verfügungsverbot nach §§ 135, 136 ZPO wirkt, so gilt dies auch für § 857 II ZPO.

Wenn nun aber dem inhibitorium die Wirkung eines Verfügungsverbotes nicht zukommen kann, so bleibt zu untersuchen, was den
Gesetzgeber bewogen hat, dieses Gebot in die Vorschriften der §§ 829,
857 ZPO betreffend die Forderungspfändung aufzunehmen, während
eine entsprechende Regelung bei der Pfändung beweglicher Sachen
fehlt. Der Grund hierfür liegt u. a. in dem Unterschied zwischen der
Pfändung beweglicher Sachen und der Pfändung von Forderungen.
Während das eine ein durch das Anbringen von Pfandsiegeln tatsächlich in Erscheinung tretender Akt ist, der für jeden, auch für den
Schuldnern, erkennbar ist, ist das andere ein auf rein gedanklicher
Ebene liegender Vorgang, von dem nur der Drittschuldner durch die
Zustellung des arrestatoriums Kenntnis erhält. Der Schuldner hat aber
ein Recht darauf, zu erfahren, daß von dritter Seite in sein Eigentum
eingegriffen wird. Wenn aber sogar bei der Pfändung beweglicher
Sachen in § 808 III ZPO dem Gerichtsvollzieher vorgeschrieben wird,
den Schuldner neben dem Anbringen der Pfandsiegel noch ausdrücklich auf die erfolgte Pfändung hinzuweisen, um wieviel mehr ist ein
solcher Hinweis bei der Forderungspfändung, die sonst für den
Schuldner nicht unmittelbar erkennbar wird, erforderlich. Das inhibitorium entspricht also bei der Forderungspfändung der Vorschrift des
§ 808 III ZPO bei der Pfändung beweglicher Sachen[70]. Dieser Inter-
pretation des inhibitoriums entspricht es auch, daß sowohl § 808 III
ZPO als auch das inhibitorium als Soll-Vorschriften angesehen werden, deren Nichtbeachtung auf die Wirksamkeit der Pfändung keinen
Einfluß hat[71].

Diese Auslegung rechtfertigt jedoch allein noch nicht die strikte
Formulierung des inhibitoriums im Gesetzestext. Ein Hinweis auf eine
erfolgte Pfändung erfordert nämlich kein Gebot, sich „jeder Verfügung über die Forderung zu enthalten". Diese strikte Formulierung ist
ein Anhaltspunkt für eine weitere Bedeutung des inhibitoriums. So geht
denn auch aus den Materialien zu § 678 CPO (= § 829 ZPO) hervor, daß
das inhibitorium „für den Gläubiger nach § 137 StGB (heute § 136 I

---

[70] Ebenso W. A. Müller, S. 168; Raape, S. 132 bezeichnet das inhibitorium
als „Reflex des Pfandrechts"; Weigelin, S. 55 hält es lediglich für den „Ausdruck des mit der Zustellung des Beschlusses an den Drittschuldner zur
Entstehung kommenden Pfandrechts des Gläubigers".

[71] Siehe statt aller: Stein / Jonas / Münzberg, § 808 Anm. III 4 und § 829
Anm. II a. E. und Hahn, Materialien zur CPO, S. 457.

StGB) nicht ohne Bedeutung ist"[72]. Mit anderen Worten, mit der Zustellung des inhibitoriums sollte der Schuldner nicht nur auf die Tatsache der erfolgten Pfändung hingewiesen werden, sondern auch
darauf, daß eine vollstreckungsvereitelnde Verfügung unter die Strafnorm des § 136 I StGB fällt[73]. Voraussetzung für eine Strafbarkeit nach
§ 136 I StGB ist nämlich die Kenntnis des Schuldners von der erfolgten
Pfändung[74].

Abschließend kann demnach festgestellt werden, daß die Pfändung
sowohl der beweglichen Sachen als auch der Forderungen nach der
Konzeption des Gesetzgebers trotz des scheinbar entgegenstehenden
Wortlautes in §§ 829 I 2, 857 II ZPO *kein* Verfügungsverbot zur Folge
haben sollte. Der Grund für diesen Ausschluß des Verfügungsverbotes
lag in der Anerkennung der privatrechtlichen Anschauung von der
Zwangsvollstreckung im Gesetz. Nach der damaligen Rechtslehre gab es
nur ein „Entweder-oder". Man faßte entweder die Zwangsvollstreckung
zivilrechtlich auf und gewährte dem Gläubiger mit der Pfändung ein
eigenes dingliches Recht an der Pfandsache — das Pfändungspfandrecht —, oder man sah in der Zwangsvollstreckung einen ausschließlich hoheitlichen Zwangszugriff des Staates — wenn auch zugunsten
des Gläubigers — und beschränkte die Pfändungswirkungen auf ein
einfaches Beschlagvorrecht, verbunden mit einem Verfügungsverbot
zu Lasten des Schuldners. Die Kommission, die mit der Abfassung der
ZPO betraut war, hat sich für die erstere Lösung entschieden[75].

§ 7 Rechtsfolgen der Zwangsvollstreckung nach § 23 ZVG

Die gesetzliche Regelung der Zwangsvollstreckung in Immobilien
zeigt ebenfalls, daß die oben[76] entwickelte These, nach welcher der Gesetzgeber nur entweder ein Pfändungspfandrecht oder aber ein Ver-

---

[72] *Hahn*, Materialien zur CPO, S. 457.

[73] Diese Bedeutung des inhibitoriums ist aber seit der Entscheidung des
RGSt 24, 40 ff. (52) hinfällig geworden. Seit dieser Entscheidung wird
von der herrschenden Lehre die Anwendbarkeit des § 136 I StGB auf Forderungen abgelehnt. RGSt 24, 40 ff. (49); *Lackner / Maassen*, § 136 I Anm. 1;
Berghaus, S. 115; and. Ans. *Schönke / Schröder*, § 137 a. F., Rdn. 4.

[74] *Schönke / Schröder*, § 137 a. F., Rdn. 13.

[75] Dies zeigt sich auch, wenn man die 8. Auflage der Pandekten von
Windscheid / Kipp mit der 5. Auflage (die noch allein von *Windscheid* be-
arbeitet wurde) vergleicht. Während in § 233 der 5. Auflage davon ge-
sprochen wird, daß der Gläubiger *kein eigenes* Recht an der Pfandsache, also kein
Pfandrecht erwerbe, wird dieselbe Aussage in § 233 der 8. Auflage aus dem
Jahre 1900 mit der Einschränkung versehen, daß das Gesagte seit der
Einführung der CPO nur noch für unbewegliche Sachen gelte. Seit der
Einführung der CPO erwerbe der Gläubiger mit der Pfändung ein echtes
privatrechtliches Pfandrecht.

[76] Siehe oben § 5 II 3.

fügungsverbot einführen wollte, ihre Richtigkeit hat. Das erst im
Jahre 1900, also gleichzeitig mit dem BGB, in Kraft getretene ZVG
kennt in § 23 anstelle eines Pfändungspfandrechtes als Folge der Eintragung des Beschlagnahmevermerks lediglich ein Verfügungsverbot,
verbunden mit einem einfachen Beschlagsvorrecht, das nach § 10 I Nr. 5
ZVG in der 5. Rangklasse zu beachten ist.

I. Rechtsnatur der Eintragung des Beschlagnahmevermerks im Grundbuch

Nun hat *Nußbaum* versucht, diese Folgen der Eintragung doch als
„pfandartige"[77] Belastung zu deuten und den Unterschied zwischen
dieser Folge und dem Pfändungspfandrecht als lediglich „terminolo-
gischer"[78] Natur zu erklären.

Die Argumente Nußbaums vermögen jedoch in diesem Punkt nicht
zu überzeugen. Die Zwangsvollstreckung nach dem ZVG gewährt dem
Gläubiger in keinem Stadium des Verfahrens eigene dingliche Rechte
gegen den Schuldner[79]. Darüber hinaus verbietet schon die Technik
des Grundbuchs die Deutung der Eintragung des Beschlagnahmevermerks als „pfandartige" Belastung. Während (Grund-)Pfandrechte in
der dritten Abteilung des Grundbuchs eingetragen werden, erfolgt die
Eintragung des Beschlagnahmevermerks in der zweiten Abteilung.
Dies war auch das — allerdings lediglich formale — Argument, mit
dem die Kommission, die mit der Abfassung des Gesetzesentwurfes
beauftragt war, sich ausdrücklich gegen die Aufnahme eines Pfändungspfandrechtes in der Liegenschaftsvollstreckung ausgesprochen
hat[80]. Die Einführung eines Pfändungspfandrechtes hätte eine erneute
Eintragung, diesmal in der dritten Abteilung, erforderlich gemacht[81].
Wenn diese Ausführungen in den Motiven den Anschein erwecken, daß
der Gedanke an die Einführung eines Pfändungspfandrechtes in Er-
wägung gezogen ist, so zeigt doch die gesamte Struktur des ZVG, daß
eine Einführung des Pfändungspfandrechtes einen Bruch in dem vom
Gesetzgeber geplanten System der Liegenschaftsvollstreckung bedeutet hätte. Die Liegenschaftsvollstreckung nach dem ZVG stellte sich im
Gegensatz zur Zwangsvollstreckung von beweglichen Sachen und Forderungen bereits nach Ansicht des Gesetzgebers als ein „Akt des öffentlichen Rechts"[82] dar. Rein äußerlich zeigt dies schon der Gesetzestext.

---

[77] *Nußbaum*, S. 32.

[78] *Nußbaum*, S. 33 (Mitte).

[79] So zu Recht *Kretzschmar*, S. 55; and. Ans. *Nußbaum*, S. 32.

[80] *Motive* zur GBO und zum ZVG, 2. Halbbd., S. 94.

[81] Diese unterschiedliche Eintragung übersieht *Nußbaum*, S. 32, wenn er
sich zur Begründung seiner Auffassung darauf beruft, daß ja der Beschlag-
nahmevermerk bereits in das Grundbuch eingetragen wird.

[82] *Kretzschmar*, S. 56.

Während die ZPO in § 753 von einem „Auftrag" des Gerichtsvollziehers spricht, ist im ZVG die Formulierung „Antrag" gewählt. Auch der Begriff „Kaufgeld", der noch in § 817 III ZPO auftaucht, hat im ZVG keine Verwendung gefunden. Stattdessen wird in § 44 ZVG der Begriff „Versteigerungserlös" verwandt. Wenn die Ausdrucksweise, die im Gesetzestext gewählt wurde, auch lediglich ein Indiz dafür sein kann, daß die Liegenschaftsvollstreckung bereits von „ihren Vätern" als Ausübung ausschließlich hoheitlicher Amtsbefugnisse angesehen wurde, so stellen die Ausführungen in den Motiven zu § 90 ZVG, also zur Rechtsnatur und zu den Rechtsfolgen des Zuschlags, dies als ihre Grundauffassung eindeutig dar. Der Zuschlag ist nämlich „nicht das Zeichen zur Vollendung eines Vertrages, auch nicht die Form eines solchen, sondern ein Richterspruch, durch den aus dem stattgehabten Verfahren das dem Zwecke desselben entsprechende Ergebnis für und gegen die Beteiligten und die noch gebundenen Bieter gezogen wird"[83, 84].

Nun könnte man die Auffassung vertreten, daß hier dieser Unterschied zwischen der Mobiliar- und der Immobiliarvollstreckung in der zeitlichen Differenz dieser Gesetzestexte liegt und daß sich zwanzig Jahre nach Einführung der ZPO die Auffassung über die generelle rechtliche Einordnung der Zwangsvollstreckung bereits zugunsten einer hoheitlichen Auffassung geändert habe. Eine durch die gleichzeitige Einführung des BGB „erforderlich" gewordene Änderung der CPO zeigt aber, daß diese Auffassung nicht stimmen kann[85]: In § 817 I ZPO wurde nach Einführung des BGB die Vorschrift des § 156 BGB ausdrücklich für anwendbar erklärt; eine Vorschrift, auf die man sich auch heute noch beruft, um die privatrechtliche Anschauung des Gesetzgebers zu beweisen[86]. Im ZVG fehlt dagegen ein solcher Hinweis auf § 156 BGB.

---

[83] *Motive* zur GBO und zum ZVG, 2. Halbbd., S. 259.

[84] Diese hoheitliche Auffassung schließt aber nicht aus, daß das Ende der Zwangsvollstreckung wiederum auf dem Gebiete des Privatrechts liegt (siehe hierzu ausführlich: *Gaul*, Rpfleger 71, 1 ff. [7]). Beispiel hierfür ist die dritte Art der Immobiliarvollstreckung: die Eintragung der Zwangshypothek nach §§ 866, 867 ZPO. Wenn die Eintragung dieser Hypothek auch auf einen öffentlich-rechtlichen Entstehungstatbestand zurückgeht, so ist ihre Wirkung doch eine rein privatrechtliche.

[85] Aber selbst wenn diese Auffassung richtig wäre, so könnten doch noch keine Rückschlüsse aus dem § 23 ZVG auf ein eventuelles Verfügungsverbot in der Mobiliarvollstreckung gezogen werden. Das Verfügungsverbot wurde in diesem Zusammenhang ausdrücklich als Ersatz für das Pfändungspfandrecht in der Mobiliarvollstreckung eingeführt. Siehe *Motive* zur GBO und zum ZVG, 2. Halbbd., S. 94.

[86] So z. B. *Huber*, S. 11.

II. Historische Hintergründe dieser Regelung

Die unterschiedliche Behandlung der Folgen der Zwangsvollstreckung in der ZPO und dem ZVG beruht nicht auf der Tatsache, daß das ZVG ein wesentlich moderneres Gesetz ist, sondern sie geht im Gegenteil auf die bereits im germanischen Recht begründete Sonderstellung des unbeweglichen Vermögens in der Zwangsvollstreckung zurück[87]. Im germanischen Recht wurde die Zwangsvollstreckung in Immobilien im Gegensatz zu der Zwangsvollstreckung in Mobilien als Ausübung hoheitlicher Tätigkeit betrachtet. Während der Gläubiger aufgrund eines Urteils im Wege der Selbsthilfe dem Schuldner fahrende Habe wegnehmen konnte, war der Zugriff für den persönlichen Gläubiger auf unbewegliches Vermögen nur über ein gerichtliches Verfahren möglich. In diesem gerichtlichen Verfahren wurde das Grundstück beschlagnahmt. Die Beschlagnahme, auch „Fronung" oder „missio in bannum regis" genannt[88], wirkte nur zugunsten des Fiskus. Nach Ablauf eines Jahres wurde dann — wenn der Schuldner auch in der Zwischenzeit nicht bezahlt hatte — dem Gläubiger das Grundstück durch obrigkeitlichen Befehl zur Veräußerung überwiesen. Mit dem Aufkommen der „jüngeren Satzung"[89] wurde das Verfahren auf die dinglichen Gläubiger des Schuldners angewandt. Die Rezeption des römischen Rechts hat für die Liegenschaftsvollstreckung wenig Einfluß gehabt[90]. Lediglich die Form der Veräußerung wurde durch die Aufnahme des römischen Rechts insofern vereinheitlicht, als sie nunmehr ausschließlich im Wege der öffentlichen Versteigerung durchgeführt wurde, bei der der Richter mitwirkte[91].

Aus diesem rechtsgeschichtlichen Überblick ergibt sich, daß die Liegenschaftsvollstreckung schon von jeher vom Staat mit besonderer Sorgfalt durchgeführt und in keinem Stadium des Verfahrens dem Gläubiger überlassen wurde. Die Ursache hierfür mag wohl in der ursprünglichen Gebundenheit des Grundeigentums nach germanischem Recht liegen[92]. Jedenfalls zeigt sich, daß der Staat ein durchaus öffentliches Interesse damit verband, daß die Liegenschaftsvollstreckung in einer besonders strengen Form durchgeführt wurde. Dementsprechend war es auch die einhellige Ansicht der Rechtslehre, daß der Richter die

---

[87] *Stein*, Grundriß, § 145 IV.

[88] *Nußbaum*, S. 287, 288; *Mohrbutter*, § 24 I, S. 399 f.; *von Meibom*, Pfandrecht, S. 128.

[89] Das sind die Stadtrechte des Mittelalters, siehe *Mohrbutter*, § 24 I, S. 399 f.; *Nußbaum*, S. 287.

[90] *Nußbaum*, S. 287, 288; *von Meibom*, Pfandrecht, S. 467.

[91] Siehe zur Geschichte der Liegenschaftsvollstreckung *Nußbaum*, S. 285 ff.; *Mohrbutter*, S. 297 f.; *Stein*, Grundriß, § 145 IV; *von Meibom*, Pfandrecht, S. 97 ff.

[92] *K. Blomeyer*, S. 5 (unten).

Liegenschaftsvollstreckung in Ausübung hoheitlicher Machtbefugnisse durchführte[93]. Der Streit innerhalb des gemeinen Rechts, ob die Pfändung von Mobilien hoheitlich oder privatrechtlich durchgeführt wurde, hatte also keinerlei Geltung in der Liegenschaftsvollstreckung. Angesichts dieser Tradition ist es unschwer einzusehen, daß der Gesetzgeber des ZVG die Zwangsvollstreckung in Immobilien im Gegensatz zur Mobiliarvollstreckung nach rein öffentlich-rechtlichen Gesichtspunkten ausgerichtet hat.

Zusammenfassung von Teil 1

Sowohl die Wortinterpretation als auch die Frage nach dem Willen des Gesetzgebers hat also ergeben, daß

1. die Vollstreckung in bewegliche Sachen und Forderungen zwar ein Pfändungspfandrecht, aber kein Verfügungsverbot bewirken sollte und daß

2. die Immobiliarvollstreckung das Verfügungsverbot lediglich als Ersatz für das nicht in die Liegenschaftsvollstreckung passende Pfändungspfandrecht vorsieht.

Davon, daß in § 23 ZVG oder gar in den §§ 829, 857 ZPO ein allgemeiner Grundsatz zum Ausdruck gekommen sei, demzufolge die Zwangsvollstreckung generell ein Verfügungsverbot zur Folge habe, kann also keine Rede sein[94].

Im Gegenteil: der rechtsgeschichtliche Überblick hat gezeigt, daß ein Verfügungsverbot in der Zwangsvollstreckung nur dort eine Rolle spielen kann, wo die Zwangsvollstreckung als Ausübung hoheitlicher Tätigkeit angesehen wurde — also nach Ansicht des Gesetzgebers ausschließlich in der Immobiliarvollstreckung.

---

[93] *von Meibom,* Pfandrecht, S. 128 formuliert dies so: „gewisse zur Exekution vorzunehmende Akte sind ihrem Wesen nach obrigkeitliche Akte. Am deutlichsten zeigt sich dies bei der Fronung der Immobilien als einer Anwendung des Bannes."

[94] So aber die h. L.: siehe die Hinweise bei *Lutz,* S. 95 Fn. 355; auch *Huber,* der ein Verfügungsverbot bei beweglichen Sachen ablehnt, meint, in § 829 ZPO sei ein solches noch gesetzlich geregelt. *Huber,* S. 53.

Zweiter Teil

Die Anerkennung des hoheitlichen Charakters der Zwangsvollstreckung als Ursache der Lehre vom Verfügungsverbot in der Zwangsvollstreckung

§ 8 Das Verfügungsverbot in der Zwangsvollstreckung als Folge anderer Normen

Ergibt sich ein Verfügungsverbot in der Zwangsvollstreckung nicht aus dem Gesetzestext, so könnte sich doch aus anderen Normen, die auch auf die Zwangsvollstreckung anzuwenden sind, die Notwendigkeit ergeben, ein solches auch in der Mobiliarpfändung anzunehmen. Die Wortinterpretation und die historische Betrachtungsweise können allein noch keine abschließende Antwort auf diese Frage geben[1].

I. § 136 I StGB[1a]

Ein Verfügungsverbot könnte sich aus der Vorschrift des § 136 I StGB ergeben, der auf die Zwangsvollstreckung anzuwenden ist. Nach § 136 I StGB ist das Beiseiteschaffen, das Zerstören oder jeder sonstige Verstrickungsentzug[2] einer gepfändeten Sache strafbar. Als sonstiger Verstrickungsentzug gilt in diesem Zusammenhange auch die Verfügung über den gepfändeten Gegenstand, soweit hierdurch der weitere Zugriff durch die Vollstreckungsorgane beeinträchtigt wird. Diese Gesetzesfassung legt die Annahme nahe, daß ein derartiger Verstrickungsbruch mit einem Verfügungsverbot nach §§ 135, 136 BGB sanktioniert wird. So wird auch in der Rechtslehre von einzelnen Autoren die Auffassung vertreten, aus § 136 I StGB folge mittelbar[3]

---

[1] Siehe *Larenz*, Methodenlehre, S. 332 ff., insbesondere S. 338.

[1a] Seit dem 1. 1. 1975 sind die bisher selbständigen Tatbestände des Siegelbruchs § 136 StGB a. F. und des Verstrickungsbruchs § 137 StGB a. F. in einer Vorschrift, nämlich § 136 StGB zusammengefaßt. § 136 I StGB entspricht dem bisherigen § 137 StGB.

[2] Der Begriff Verstrickung, der heute selbstverständlich als allgemeiner Begriff für den Beschlagnahmezustand gebraucht wird, ist zum ersten Mal in § 136 I StGB verwendet worden. Erst *Riehl*, S. 78 hat diesen Begriff auch für das Zivilprozeßrecht nutzbar gemacht.

[3] *Hein*, Identität, Bd. II, S. 92 Fn. 33.

oder unmittelbar[4] ein zivilrechtliches Verfügungsverbot. Diese Meinung stößt jedoch auf rechtliche Bedenken. Es ist zwar denkbar, daß sich aus einer Strafrechtsnorm ein zivilrechtliches Verfügungsverbot ergibt[5] — allerdings wäre dies dann ein gesetzliches nach § 135 BGB[6] — aber Voraussetzung hierfür wäre, daß der Schutzgedanke dieser Vorschrift sich auf die Verhinderung einer solchen Verfügung bezieht[7]. Im § 136 I StGB ist es aber — wie in § 288 StGB[8] — nicht die Verfügung, die mit Strafe belegt werden soll, sondern der Umstand, daß der Gegenstand eventuell durch eine Verfügung aus dem staatlichen Herrschafts- oder Zugriffsbereich entfernt wird[9]. Verstößt die Veräußerung gegen § 136 I StGB, so folgt aus diesem Verstoß ebensowenig eine zivilrechtliche Sanktion wie bei einer durch eine Verfügung begangene Untreue oder Unterschlagung[10]. Das sieht man bereits daran, daß nicht nur Verfügungen, sondern auch rein tatsächliche Handlungen, wie das Zerstören oder das Beiseiteschaffen der Pfandsache, von der Strafnorm erfaßt sind. Soweit daher § 136 I StGB ein Verbot enthält, über gepfändete Sachen zu verfügen, so hat dies rein tatsächliche, nicht aber zivilrechtliche Folgen[11]. Aus § 136 I StGB kann man jedenfalls nicht folgern, daß die Zwangsvollstreckung beweglicher Sachen ein Verfügungsverbot zivilrechtlicher Art zur Folge habe.

II. § 132 Ziffer 5 in Verbindung mit § 1 III GVGA

Läßt sich aus der Vorschrift des § 136 I StGB nicht entnehmen, daß die Pfändung ein Verfügungsverbot zur Folge hat, so könnte sich dies aber aus § 132 Ziffer 5 i. V. m. § 1 III GVGA ergeben. Nach § 1 III

---

[4] *Schwinge*, S. 9; *Martin*, S. 109; *Münzberg* in ZZP 78, 287 ff.; *Falkmann / Hubernagel*, § 803 Anm. 3.

[5] So RGZ 6, 169 ff. (170).

[6] Ob es jedoch gesetzliche relative Verfügungsverbote nach § 135 BGB überhaupt gibt, wird heute bezweifelt. Siehe hierzu BGHZ 13, 179 ff. (184).

[7] So RGZ 6, 169 ff. (170).

[8] Auch in § 288 StGB sehen manche ein relatives Verfügungsverbot. So z. B. *Staudinger / Coing*, § 135 Rn. 17 und *Soergel / Hefermehl*, §§ 135, 136 Rn. 4. Sie berufen sich dabei zu Unrecht auf die Entscheidung des RGZ 6, 169 ff. (170), die noch zum gemeinen Recht ergangen ist. Dort heißt es nämlich, „allerdings ist ein verbotenes Rechtsgeschäft nichtig (vgl. zu den Rechtsfolgen eines Verfügungsverbotes nach gemeinem Recht *Motive* zum BGB AT zu § 107, S. 212), auch, wenn das Verbot nicht dem Zivilrecht angehört, sondern durch Strafandrohung, im Strafgesetzbuch zum Ausdruck gebracht ist. Allein die Anwendung dieser Regel setzt voraus, daß der Gesetzgeber ein Rechtsgeschäft in irgendeiner Form verboten hat und ein solches Verbot läßt sich aus dem erwähnten § (§ 288) nicht entnehmen."

[9] Herrschende Lehre, siehe statt aller: *Schönke / Schröder*, § 137 a. F., Rn. 1.

[10] Darauf weist *Flume*, § 17 6 c für § 288 hin.

[11] Auf den Unterschied zwischen tatsächlicher und rechtlicher Einschränkung der Verfügungsmacht weist schon *Bellersen*, S. 3 hin.

i. V. m. § 132 Ziffer 5 GVGA gehört es nämlich zu den Amtspflichten des Gerichtsvollziehers, den Schuldner darauf hinzuweisen, daß

a) er und jeder andere jegliche Handlung zu unterlassen hat, die seinen (des Gerichtsvollziehers) Besitz beeinträchtigt, wie etwa die Veräußerung, die Wegschaffung oder den Verbrauch gepfändeter Sachen, und daß

b) ...

c) Zuwiderhandlungen gegen diese Bestimmung strafbar sind.

Aus dieser Vorschrift ist im Schrifttum verschiedentlich gefolgert worden[12], sie enthalte ein Verfügungsverbot nach §§ 135, 136 BGB; zumindest enthalte sie[13] einen Hinweis darauf, daß die Pfändung ein solches Verbot zur Folge hat. Wenn aber schon § 136 I StGB kein Verfügungsverbot beinhaltet, so gilt dies erst recht für § 132 Ziffer 5 i. V. m. § 1 III GVGA. Dieser Vorschrift fehlt es nämlich an einer wesentlichen Voraussetzung für die Anordnung eines Rechtsbefehls, wie es ein Verfügungsverbot ist. Es handelt sich bei der GVGA nicht um ein Gesetz, sondern lediglich um eine Geschäftsanweisung. Da es sich aber — gesetzt den Fall, diese Vorschrift enthielte ein derartiges Verbot — um ein gesetzliches Verfügungsverbot nach § 135 BGB handeln müßte, ist eine bloße Dienstanweisung „keine ausreichende Rechtsgrundlage für eine solche belastende Maßnahme"[14].

Zu prüfen bleibt aber, ob diese Vorschrift nicht, wie es im Schrifttum auch vertreten wird[15], einen Hinweis darauf enthält, daß die Pfändung — aus welchen Gründen auch immer — ein behördliches Verfügungsverbot nach §§ 135, 136 BGB zur Folge hat. Selbst gegen diese Annahme erheben sich bei näherer Betrachtung des Wortlautes von § 132 Ziffer 5 GVGA schwerwiegende Bedenken. Dem Gerichtsvollzieher wird es nämlich nicht nur zur Pflicht gemacht, darauf hinzuweisen, daß Verfügungen über den Pfandgegenstand verboten sind. Er muß auch darauf hinweisen, daß alle anderen rein tatsächlichen Maßnahmen, die geeignet sind, den Verstrickungszustand an der Pfandsache zu beenden, wie etwa die Wegschaffung, der Verbrauch etc., verboten sind. Hinzu kommt, daß der Gerichtsvollzieher den Schuldner nicht nur darauf hinweisen muß, daß *ihm* solche Handlungen verboten sind, sondern auch jeder dritten Person. Sähe man in § 132 Ziffer 5 GVGA einen Hinweis auf ein relatives Verfügungsverbot im Sinne der §§ 135, 136 BGB, so wäre der Hinweis mit Bezug auf Dritte jedenfalls sinnlos; sie können ja als Nichteigentümer der Pfandsache nicht in

---

[12] *Stein*, Grundfragen, S. 27; *Schwinge*, S. 9.
[13] *Martin*, S. 109 Fn. 59; *Lutz*, S. 92.
[14] So mit Recht *Huber*, S. 53 Fn. 33.
[15] *Martin*, S. 109 Fn. 59; *Lutz*, S. 92.

vollstreckungsschädlicher Weise verfügen[16]. Außerdem paßt der Hinweis darauf, daß auch Verbrauch und ähnliche tatsächliche Handlungen verboten sind, nicht in das System der zivilrechtlichen Veräußerungsverbote. Es kann daher in § 1 III i. V. m. § 132 Ziffer 5 GVGA noch nicht einmal ein Hinweis auf §§ 135, 136 BGB gesehen werden.

Die Antwort auf die Frage, welche Aufgabe dem § 132 Ziffer 5 GVGA zukommt, gibt die Vorschrift selbst. In § 132 Ziffer 5 c GVGA heißt es nämlich nicht nur, daß der Gerichtsvollzieher den Schuldner und dritte Personen darauf hinzuweisen habe, daß derartige Handlungen verboten sind, sondern es heißt dort auch, daß er sie darauf hinzuweisen habe, daß diese Handlungen nach § 137 StGB a. F. (= § 136 I StGB n. F.) strafbar sind. D. h. also: nach § 1 III i. V. m. § 132 Ziffer 5 GVGA gehört es zu den Amtspflichten des Gerichtsvollziehers, auf ein strafrechtliches, nicht aber auf ein zivilrechtliches Verfügungsverbot hinzuweisen. § 132 Ziffer 5 GVGA, der nur auf Pfändung beweglicher Sachen anwendbar ist, stellt daher insofern eine Parallele zu dem inhibitorium in der Forderungspfändung dar[17]. Zu dieser Auslegung des § 132 Ziffer 5 GVGA paßt es denn auch, daß der Gerichtsvollzieher diesen Hinweis nur zu geben hat, wenn die Pfandsache im Gewahrsam des Schuldners bleibt. Denn der Schuldner kann nur dann gegen § 136 I StGB verstoßen, wenn ihm die Pfandsache noch zugänglich ist. Auch aus § 132 Ziffer 5 GVGA folgt daher nicht, daß die Pfändung ein Verfügungsverbot zur Folge hat.

III. § 23 ZVG

Ein Verfügungsverbot als Folge der Zwangsvollstreckung könnte sich aber dann ergeben, wenn der in § 23 ZVG zur Geltung kommende Rechtsgedanke auch auf die Mobiliarvollstreckung Anwendung finden würde. Ob dies jedoch der Fall sein kann, ist äußerst zweifelhaft. Das Verfügungsverbot in der Liegenschaftsvollstreckung hat seinen Ursprung in der Tatsache, daß diese Vollstreckungsart von jeher als Ausübung hoheitlicher Tätigkeit angesehen wurde. Dieser Gedanke war jedenfalls solange auf die Mobiliarvollstreckung unanwendbar, als diese als privatrechtliche Befriedigung des Gläubigers angesehen werden konnte. Aber selbst wenn die Mobiliarvollstreckung ebenfalls

---

[16] Der Nichteigentümer kann genauso wie der durch ein Verfügungsverbot Eingeschränkte an einen Gutgläubigen wirksam veräußern, siehe § 135 II BGB. In diesem Fall ist also ein Verfügungsverbot sinnlos.

[17] Das inhibitorium stellt also dasselbe für die Forderungspfändung dar wie § 808 III ZPO und § 132 Ziffer 5 GVGA für die Pfändung beweglicher Sachen. Wobei allerdings zu beachten ist, daß nach heute herrschender Ansicht Forderungen keine Objekte sind, an denen ein Verstrickungsbruch begangen werden kann. Siehe zu dieser Frage: *Berghaus*, S. 110 ff.

als Ausübung hoheitlicher Tätigkeit gelten könnte, so würde es an einer rechtsähnlichen Situation fehlen, die dazu berechtigen würde, die Bestimmung des § 23 ZVG bezüglich des Verfügungsverbotes auf die Mobiliarvollstreckung analog anzuwenden. Denn in der Liegenschaftsvollstreckung ist das Verfügungsverbot als Sicherung des Gläubigers an Stelle der Sicherung durch ein Pfändungspfandrecht eingeführt worden. Die Mobiliarvollstreckung kennt dagegen ein gesetzlich vorgeschriebenes Pfändungspfandrecht, unabhängig davon, ob man diese Vollstreckungsart als Ausübung hoheitlicher oder privatrechtlicher Tätigkeit ansieht. Die Fragestellung in der Mobiliarvollstreckung sieht also grundsätzlich anders aus als die in der Liegenschaftsvollstreckung, weil in der Mobiliarvollstreckung untersucht werden muß, ob die Zwangsvollstreckung ein Verfügungsverbot zur Folge haben kann, obwohl der Gläubiger bereits durch ein Pfändungspfandrecht gesichert wird. Im folgenden muß daher zunächst die Zwangsversteigerung außer Betracht gelassen werden, da sich hier nie das Problem stellt, ob die Zwangsversteigerung ein Verfügungsverbot trotz des durch das Gesetz vorgeschriebenen Pfändungspfandrechtes zur Folge hat.

Ob die Mobiliarvollstreckung neben dem Pfändungspfandrecht ein Verfügungsverbot zur Folge hat, kann jedenfalls nicht mit einer analogen Anwendung des § 23 ZVG beantwortet werden, da es hier insoweit an einer rechtsähnlichen Situation fehlt.

§ 9 Das Verfügungsverbot als Folge der Pfändung, eine Konsequenz des hoheitlichen Charakters der Zwangsvollstreckung?

Die bisherigen Untersuchungen haben ergeben, daß ein Verfügungsverbot bei der Pfändung von beweglichen Sachen oder Forderungen nicht aus dem Gesetzestext folgt; daß es auch nicht dem Willen des Gesetzgebers entspricht und daß auch keine anderen, außerhalb der ZPO liegenden Normen die Annahme eines solchen erfordern. Selbst eine Analogie zu § 23 I 1 ZVG, der ein Verfügungsverbot expressis verbis vorsieht, ist unzulässig, da diese Vorschrift in diesem Zusammenhang nicht zu einem Vergleich herangezogen werden kann[1]. Nach alledem sollte man meinen, die Zwangsvollstreckung kenne bei beweglichen Sachen und Forderungen im Gegensatz zu § 23 I 1 ZVG ein Verfügungsverbot als Pfändungsfolge nicht. Diese Auffassung wurde im Schrifttum auch solange überwiegend vertreten, wie die privatrechtliche Auffassung von der Zwangsvollstreckung, der sich, wie wir gesehen haben, auch der Gesetzgeber angeschlossen hatte, allgemein anerkannt war[2]. Eine Änderung bahnte sich im Schrifttum erst an, als

---

[1] Siehe oben § 8 III.

man begann, den bereits früher erkannten publizistischen Charakter des gesamten Prozeßrechts auch auf die Vollstreckungsvorgänge zu übertragen[3]. So findet sich in den Arbeiten von *Hassenpflug*[4], *Hachenburg*[5] und *Reichmayr*[6] zum ersten Mal seit Einführung der ZPO der Hinweis, daß die Versteigerung einer gepfändeten Sache kein privates Rechtsgeschäft, sondern ein Akt der Staatsgewalt sei. *Riehl*[7], dem sich später auch *Mothes*[8] anschloß, entwickelte im Jahre 1888 die These, daß eine wirksame Pfändung eine strafrechtlich geschützte Verstrickung auch dann begründet, wenn die materiell-rechtlichen Voraussetzungen für das Entstehen eines Pfandrechtes fehlen. Wenn in diesen Arbeiten auch bereits ein der heutigen Auffassung ähnliches publizistisches Verständnis der Vollstreckungsvorgänge zum Ausdruck kam, so blieben sie aber ohne erkennbaren Widerhall in der damaligen Rechtslehre. Erst *Friedrich Stein*[9] gelang es, der Auffassung, daß alle Vollstreckungsvorgänge Staatsakte seien, allgemeine Anerkennung zu verschaffen. Die Arbeit von Stein verursachte eine so tiefgreifende Änderung in der Zwangsvollstreckungslehre, daß heute *Esser*[10] mit einigem Recht sagen kann: „Das geltende deutsche Zwangsvollstreckungsrecht ist nicht aus dem Jahre 1877, sondern stammt von Friedrich Stein."

I. Die Pfändung als Beschlagnahmeakt

Diese neue Auffassung von der Rechtsnatur der Zwangsvollstreckung brachte auch eine grundlegende Änderung der Meinung in der Rechtslehre zu der Frage nach dem Verfügungsverbot als Pfändungswirkung. Aus der Erkenntnis, daß alle Zwangsvollstreckungsakte Staatshoheitsakte sind, folgerte man, daß auch der eigentliche Pfändungsakt ein staatlicher Zwangszugriff, also eine Beschlagnahme, sei[11]. Die Wirkung dieser Beschlagnahme nannte man im Anschluß an *Riehl*[12] Verstrickung. Mit dieser neuen Einordnung der Pfändungsfolgen lebte auch die bereits vor Einführung der ZPO vertretene Auffassung[13] vom

---

[2] Siehe z. B. *Gaupp / Stein*, § 804; *Windscheid / Kipp*, 8. Aufl., § 233, S. 1044 f.
[3] Siehe im einzelnen zu dieser Entwicklung *Huber*, S. 14 f.
[4] *Hassenpflug* in Gruchots Beitr. 32, 91 ff.
[5] *Hachenburg*, S. 143.
[6] *Reichmayr*, S. 77.
[7] *Riehl*, S. 78, 80.
[8] *Mothes*, S. 86 (25).
[9] *Stein*, Grundfragen.
[10] *Esser*, S. 312.
[11] *Stein*, Grundfragen, S. 27 f.
[12] *Riehl*, S. 78.
[13] *Dernburg*, S. 419; *Wetzell*, § 50, S. 636 Fn. 13 a; *Windscheid* (5. Aufl.), § 233, S. 745; *von Meibom*, AcP 52, 295 ff. schlug dies auch für die bevorstehende Einführung der CPO, allerdings als Ersatz für das gemeinrechtliche p. i. c. j. c. vor.

Verfügungsverbot als Pfändungsfolge wieder auf. Stein formulierte dies so: „Die Wirkung der Pfändung ist die Verstrickung, d. h. die rechtliche Gebundenheit für den Staat ..., wenn auch zugunsten des Gläubigers. Vermöge dieser Gebundenheit unterliegt der Schuldner dem Verbot der Veräußerung, soweit durch sie der Gegenstand der Zwangsvollstreckung entzogen würde ...[14]." Diese Lehre Steins hat einen derartigen Anklang in der Rechtslehre gefunden, daß es heute zum (fast[15]) selbstverständlichen prozessualen Gedankengut gehört, daß die Pfändung von beweglichen Sachen und Forderungen auch ein Verfügungsverbot nach §§ 135, 136 BGB zur Folge hat, obwohl dies im Gegensatz zu § 23 I 1 ZVG nicht im Gesetz vorgesehen ist[16].

Ist es aber wirklich so selbstverständlich, daß die Pfändung aufgrund ihres Beschlagnahmecharakters ein Verfügungsverbot zur Folge hat, wie es die heute herrschende Lehre im Anschluß an Stein annimmt? Zuzugeben ist, daß nach der Anerkennung des hoheitlichen Charakters der Zwangsvollstreckung die Annahme eines Verfügungsverbotes nahelag. Wie wir bereits oben[17] gesehen haben, kann der Staat, der im Wege der Beschlagnahme von einer Sache Besitz ergreift, nicht dulden, daß dem von der Beschlagnahme Betroffenen die Möglichkeit verbleibt, die Sache dem Zugriff des Staates durch eine rechtsgeschäftliche Verfügung zu entziehen. Bereits § 23 ZVG zeigt, daß ein Verfügungsverbot auch ein geeignetes Mittel für den Staat wäre, um diese Möglichkeit zu verhindern. Dennoch stellt sich in den Fällen der Pfändung von beweglichen Sachen und von Forderungen die Frage, ob der Gläubiger in der Zwangsvollstreckung noch einer derartigen Sicherung bedarf, da das Gesetz für beide Fälle in § 804 ZPO ausdrücklich eine andere Sicherung, nämlich ein Pfändungspfandrecht vorsieht. Zwar wird heute von einem Teil der Autoren die Sicherungswirkung des Pfändungspfandrechts geleugnet[18], doch hat der Gesetzgeber diese Funktion des Pfändungspfandrechts zumindest als Nebenfolge zu den anderen Funktionen des Pfändungspfandrechts beabsichtigt[19]. Keinesfalls kann

---

[14] *Stein*, Grundfragen, S. 27.

[15] *R. Schmidt*, S. 298; *Stein*, Grundfragen, S. 29; *Schwinge*, S. 9; *H. Schmidt*, S. 3 ff.; *Stein / Jonas / Münzberg*, § 803 Anm. II; *Rosenberg*, § 190 II 2; *Schönke / Baur*, § 25 III 1; RGSt 65, 248 ff. (249); RGZ 118, 276 ff. (277). and. Ans. nur *Huber*, S. 46 ff.; siehe auch die Zweifel bei *Gaul*, FamRZ 72, 533 ff. (534).

[16] Da das inhibitorium in § 829 ZPO kein Verfügungsverbot enthält, kann die Sicherung des Gläubigers nach §§ 135, 136 BGB auch nur an die Beschlagnahme, also an das arrestatorium, anknüpfen. Diese Schlußfolgerung wird allerdings von der herrschenden Lehre nicht gezogen. Siehe *Flume*, § 17 6 d.

[17] Siehe oben § 5 I bei Fn. 15. Darauf stützten schon *Dernburg*, S. 419; *Windscheid* (5. Aufl.), § 233, S. 745; *Wetzell*, § 50, S. 636 Fn. 13 a und *von Meibom*, AcP 52, 295 ff. ihre These.

[18] So die extrem öffentlich-rechtliche Theorie vom Pfändungspfandrecht; siehe insbesondere *Martin*, S. 108 f.

[19] *Hahn*, Materialien zur CPO, S. 457; *Stein*, Grundfragen, S. 30.

eine Sicherungswirkung des Pfändungspfandrechts mit dem Argument abgelehnt werden, das Verfügungsverbot erreiche bereits diese notwendige Sicherung[20]. Wenn auch das Aufdecken des hoheitlichen Charakters der Zwangsvollstreckung zu grundlegenden Änderungen in der Rechtslehre geführt hat, muß doch zumindest versucht werden, die Wertungen, die der Gesetzgeber getroffen hat, auch in der „neuen" Zwangsvollstreckungslehre, die ja immer noch mit demselben Gesetzestext arbeitet, beizubehalten[21].

Bedenken gegen die Selbstverständlichkeit, mit der Stein aus dem Beschlagnahmecharakter der Zwangsvollstreckung folgert, daß diese neben einem Pfändungspfandrecht auch ein Verfügungsverbot zur Folge hat, ergeben sich schon deshalb, weil Stein[22] sich u. a. in diesem Punkt auf Mothes[23] beruft, dieser aber im Anschluß an Riehl ein derartiges Verfügungsverbot gerade ablehnt. Riehl insbesondere begründet dies mit dem Hinweis darauf, daß das gesetzlich vorgeschriebene Pfändungspfandrecht die Annahme eines Verfügungsverbotes überflüssig mache[24]. Aber auch Stein und die ihm nachfolgende Lehre[25] haben diese Kongruenz der Wirkungen von Pfändungspfandrecht und Verfügungsverbot gesehen, fühlten sich aber dennoch zu der Annahme eines Verfügungsverbotes gezwungen, weil der Beschlagnahmecharakter der Pfändung ein solches zwangsläufig zur Folge habe. So ist denn die These, daß eine Beschlagnahme begriffsnotwendig ein Verfügungsverbot zu Lasten des von der Beschlagnahme Betroffenen zur Folge habe, Ursprung und Grundlage für die Lehre vom Verfügungsverbot

---

[20] So aber *Martin*, S. 109.

[21] Auf dieses Erfordernis weist neuerdings eindringlich *Säcker*, JZ 71, 156 ff. (161) hin.

[22] *Stein*, Grundfragen, S. 28.

[23] Bei *Mothes*, S. 86, 87 heißt es wörtlich: „So ist insbesondere ein Schuldner nicht rechtlich behindert, das Eigentum an einer Sache, die der Gerichtsvollzieher bei ihm gepfändet hat, auf einen anderen zu übertragen." Verständlich wird dies Ergebnis von *Mothes*, betrachtet man seinen Ausgangspunkt, S. 81: „Jede Beschlagnahme enthält eine Beschränkung der Verfügungsmacht des bisher Verfügungsberechtigten. Der Umfang dieser Beschränkung ist aber je nach den einzelnen Beschlagnahmearten durchaus verschieden. In manchen Fällen wird dem bisher Verfügungsberechtigten nur die tatsächliche Verfügung, in manchen die rechtliche Verfügung, in manchen sowohl diese wie jene entzogen; ..." und auf S. 86: „Alle diese Rechtsfolgen der Beschlagnahme treten nur ein, weil und insoweit sie das Gesetz für den einzelnen Fall statuiert."

[24] *Riehl*, S. 80: „Insbesondere liegt in der Pfändung nicht mehr ein richterliches Veräußerungsverbot. Seitdem das Recht des Executionssuchers an der gepfändeten Sache als Pfandrecht hingestellt ist, erübrigt sich ein richterliches Veräußerungsverbot, die Function desselben, den Gläubiger gegen benachtheiligende Verfügungen zugunsten Dritter zu sichern, wird erfüllt, durch das Pfandrecht in seiner Eigenschaft als *dingliches*, jedem Dritten gegenüber wirksames Recht."

[25] Siehe *Stein*, Grundfragen, S. 26, 27, 30, 31; *Gaul*, FamRZ 64, 165 ff. (167); *Stein / Jonas / Münzberg*, § 803 Anm. II.

in der Zwangsvollstreckung geworden. Eine genaue Überprüfung dieser These für das Zivilprozeßrecht ist aber bis zu der im Jahre 1970 erschienenen Arbeit von *Gerhard Huber*[26] nicht versucht worden. Das ist um so erstaunlicher, als in allen anderen Rechtsgebieten, in denen sonst eine Beschlagnahmeermächtigung auftaucht, von jeher eine heftige Kontroverse bestand, ob die Beschlagnahme notwendig ein Verfügungsverbot zur Folge habe oder nicht[27]. Es soll daher im folgenden erst geprüft werden, ob eine Beschlagnahme als Ausdruck staatlicher Hoheitsgewalt generell ein solches Verfügungsverbot nach sich zieht, bevor auf den speziellen Fall der Beschlagnahme in der Zwangsvollstreckung eingegangen wird.

II. Verstrickung als Konkurrenzverhältnis zwischen staatlicher und privater Verfügungsmacht

1. Abgrenzung zwischen Beschlagnahmeakt und Verstrickungszustand

Die Frage nach dem Verfügungsverbot als Beschlagnahmefolge ist zugleich die Frage nach dem Inhalt und der Wirkung der Verstrickung. Die Beschlagnahme selbst ist lediglich eine einmalige Handlung des Staates. Sie erschöpft sich in dem hoheitlichen Zwangszugriff auf eine bestimmte Sache. Ihre fortdauernde Wirkung ist der Zustand der Verstrickung[28].

Die Beschlagnahme selbst kann also nur dann ein über den eigentlichen Beschlagnahmeakt hinaus dauerndes Verfügungsverbot zur Folge haben, wenn der ebenfalls sich an diese Staatshandlung anknüpfende Verstrickungszustand dies erfordert.

2. Beschlagnahmeakt als Begründung eines derartigen Konkurrenzverhältnisses

Die Frage nach dem Verfügungsverbot als Beschlagnahmefolge überschneidet sich daher mit der Frage nach dem Inhalt der Verstrickung. Die Beschlagnahme kann nämlich nur dann generell ein Verfügungsverbot zur Folge haben, wenn unabhängig von dem jeweiligen Beschlagnahmetatbestand der Verstrickungszustand ein Verfügungsverbot zum Inhalt hat oder zumindest bewirkt. Dies könnte der Fall sein,

---

[26] *Huber*, S. 46 ff., der allerdings die Beschlagnahme von Forderungen und Immobilien aus seinen Betrachtungen herausläßt, weil er der Ansicht ist, daß in beiden Fällen das Verfügungsverbot sich bereits aus dem Gesetz ergibt.

[27] Siehe zu dieser Kontroverse nur die Ansicht von *Binding*, S. 606 ff. und *Wyszomirski*, GA 36, 1 ff.

[28] *P. Geib*, S. 19, legt auf diese Unterscheidung besonderen Wert.

wenn jede Beschlagnahme zu einem Zuwachs der rechtlichen Verfügungsbefugnis über die beschlagnahmte Sache auf seiten des Staates führen würde. Denn dieser Zuwachs der Verfügungsbefugnis auf der Seite des Staates müßte, um sinnvoll zu sein, von einem Entzug oder einer Beschränkung der rechtlichen Verfügungsbefugnis auf seiten des Schuldners begleitet werden[29]. *Binding*[30] und ihm folgend *Kruse*[31] scheinen anzunehmen, daß jede Beschlagnahme zu einem Zuwachs der rechtlichen Verfügungsmacht auf seiten des Staates führt, wenn sie, ausgehend von einer Untersuchung des § 137 StGB a. F. (heute § 136 I StGB), den Inhalt der Verstrickung wie folgt allgemein definieren: „Vor allen Dingen erschöpft das durch die Vollstreckung gegründete Gewaltverhältnis sich nicht in tatsächlicher, sondern ist Rechtsgewalt ... Gerade deshalb muß ihre Begründung notwendig den rechtlichen Ausschluß jeder mit der staatlichen konkurrierenden Verfügungsgewalt bedeuten — ganz einerlei, ob ein Verfügungsverbot an Dritte ausdrücklich erlassen wird oder nicht[32]." Ähnliche Gedanken finden sich bei *Messer*[33]: „Ihr (der Beschlagnahme) Zweck ist die Bereitstellung des beschlagnahmten Gegenstandes zur weiteren hoheitlichen Verwertung und Verfügung. Zur Sicherung dieses Zweckes begründet sie ein hoheitliches Gewaltverhältnis, das jede mit der staatlichen Verfügungsmacht konkurrierende Verfügungsmacht ausschließt ..." Abgesehen davon, daß diese Ausführungen nicht ergeben, ob diese Wirkung für jeden Beschlagnahmetatbestand gelten sollen[34], muß der Inhalt dieser Aussagen auf grundsätzliche dogmatische Bedenken stoßen. Ein Beschlagnahmeakt allein kann nämlich, wie *Huber* mit Recht ausführt, nicht, auch nicht im Einzelfall, „Rechtsgewalt" für den Staat begründen[35].

---

[29] Dabei ist zu beachten, daß aus Gründen der Verhältnismäßigkeit die rechtliche Einschränkung der Verfügungsmacht des von der Beschlagnahme Betroffenen auch nur soweit gehen kann, als der Zuwachs der Verfügungsmacht auf Seiten des Staates reicht. Daraus folgt, daß nur bei einer Beschlagnahme im allgemeinen Interesse die Verfügungsbeschränkung des Betroffenen absolut sein kann. Erfolgt die Beschlagnahme im Interesse eines einzelnen oder einer einzelnen Gruppe, kann die rechtliche Einschränkung der Verfügungsmacht auf Seiten des Betroffenen auch nur dieser Person oder dieser Gruppe gegenüber eintreten.

[30] *Binding*, S. 612; ähnlich auch die Definition in *Schönke / Schröder* zu § 137 StGB a. F., Rdn. 6.

[31] *Kruse*, S. 16.

[32] *Binding*, S. 612.

[33] *Messer*, S. 116.

[34] *Bindings* Ausführungen, S. 609 f., zeigen im Gegenteil gerade, daß eine solche einheitliche Feststellung gar nicht getroffen werden kann. Er operiert mit einem gänzlich anderen Verstrickungsbegriff als das Zivilprozeßrecht. Er sieht als Voraussetzung staatlicher Verstrickung den Besitz des Staates an. Daraus folgert er konsequent, daß Forderungen nicht verstrickt werden können. Auf dem Gebiete der zivilprozessualen Pfandverstrickung ist es aber unstreitig, daß auch Forderungen verstrickt werden können. Siehe hierzu im einzelnen *P. Geib*, S. 14 ff.

[35] *Huber*, S. 51 f., ebenso auch *P. Geib*, S. 17.

Ein staatliches Exekutivorgan kann sich nicht durch eigenen Zugriff auf privates Eigentum die Verfügungsmacht über dieselbe verschaffen[36], das kann nur das zur Beschlagnahme ermächtigende Gesetz[37].

3. Die Beschlagnahmeermächtigung als generelle Berechtigung, über den beschlagnahmten Gegenstand staatlicherseits zu verfügen

Wenn nun auch der Beschlagnahmeakt nicht zu einem Zuwachs der Verfügungsbefugnis auf seiten des Staates führen kann, so bleibt noch zu prüfen, ob nicht in den Beschlagnahmeermächtigungen jeweils vorgesehen ist, daß dem Staat aufgrund der erfolgten Beschlagnahme die Verfügungsmacht über den betreffenden Gegenstand zuwächst. Auch in diesem Falle bestünde ein Konkurrenzverhältnis zwischen staatlicher und privater Verfügungsmacht, was zu einem Ausschluß der privaten Verfügungsmacht führen könnte[38].

a) Kein allgemeiner Beschlagnahmebegriff — wohl aber einige allen Beschlagnahmetatbeständen gemeinsame Grundgedanken

Es ist also zu prüfen, ob *jede* Beschlagnahmeermächtigung einen derartigen Wechsel vorsieht oder nicht. Um dies festzustellen, soll zunächst einmal versucht werden, einen einheitlichen Beschlagnahme- und Verstrickungsbegriff zu entwickeln, um dann zu untersuchen, ob dieser Begriff bereits einen Anhaltspunkt für die Frage nach dem Wechsel der Verfügungsmacht ergibt. Der Versuch, einen allgemeinen Beschlagnahmebegriff zu entwickeln, ist in der Rechtslehre häufig gemacht worden, hat aber nie zu einer endgültigen Klärung dieses Begriffes geführt[39]. Im Gegenteil: Alle diejenigen, die diesen Versuch unternommen haben, kommen zu dem Ergebnis, daß — abgesehen von einigen wenigen Grundgedanken, die alle Beschlagnahmetatbestände gemein haben[40] — die Wirkungen der Beschlagnahme, also der Inhalt

---

[36] *Huber*, S. 52 Fn. 27.

[37] *Huber*, S. 52; so wohl auch *P. Geib*, S. 17, wenn er ablehnt, daß Inhalt der Verstrickung nicht die Begründung eines staatlichen Verfügungsrechtes über die Pfandsache sein könne. „Aus einem Machtzustand allein läßt sich ohne gesetzliche Anordnung auch für den Staat noch kein Recht herleiten, kraft privatrechtsgestaltenden Hoheitsaktes die dinglichen Rechte Privater zu vernichten oder neu zu begründen."

[38] In diesem Sinne *P. Geib*, S. 17, wenn er ablehnt, daß Inhalt der Verstrickung Begründung eines staatlichen Verfügungsrechtes sein kann, und auf S. 16 dennoch zuvor festgestellt hat: „Publizistische Vergangenheit und private Verfügungsmacht schließen sich aus."

[39] Siehe nur die Arbeiten von *Mothes* und *Gerdes*, die sich ausschließlich mit diesem Thema befassen.

[40] Auf solche gemeinsamen Merkmale weisen *Mothes*, S. 1; *Kruse*, S. 15; *Gerdes*, S. 2 und *Huber*, S. 55 hin.

der Verstrickung, sich je nach den einzelnen Ermächtigungen unterscheiden[41]. Wenn aber die Wirkungen der Beschlagnahme von der jeweiligen Beschlagnahmeermächtigung abhängen, so folgt daraus, daß auch der Inhalt der Verstrickung von dem jeweiligen Normzweck abhängt; denn die Wirkung der Beschlagnahme ist nichts anderes als die Verstrickung. Diese Erkenntnis hat zur Entwicklung des sogenannten „akzessorischen Verstrickungsbegriffes"[42] geführt.

b) Das Entstehen des Konkurrenzverhältnisses zwischen staatlicher und privater Verfügungsmacht gehört nicht zu den allen Beschlagnahmetatbeständen gemeinsamen Grundgedanken

Es muß also untersucht werden, ob unabhängig von der Tatsache, daß man nicht von einem einheitlichen Begriff der Beschlagnahme ausgehen kann, nicht doch der Gedanke, daß jede Beschlagnahme zu einem Wechsel der Verfügungsmacht zugunsten des Staates führt, zu den wenigen allen Beschlagnahmetatbeständen gemeinsamen Gedanken gehört.

Beschlagnahmermächtigungen finden sich u. a. in §§ 94 ff., 290 ff. StPO; § 7 FleischBG; § 7 LebensmittelG; § 45 BLeistG und § 10 VereinsG. Diese Ermächtigungen lassen bereits die wenigen, allen Beschlagnahmetatbeständen eigenen Merkmale erkennen. Sie zeigen, daß jede Beschlagnahme einen Eingriff des Staates in die Rechtssphäre des einzelnen bedeutet[43], also einen Staatshoheitsakt darstellt. Diese Einordnung der Beschlagnahme als Staatshoheitsakt bedingt, daß nur Inhaber öffentlicher Ämter eine solche Beschlagnahme vornehmen können[44]. Weiterhin zeigt sich, daß die Beschlagnahme stets nur eine

---

[41] *Mothes*, S. 86; *Gerdes*, S. 2; *Wyszomirski*, GA 36, 1 ff. (4); *Peters*, S. 179 Anm. 1; *Kaufmann*, S. 123; *von Canstein*, S. 11 ff.; *Beling*, § 103 III 1, S. 503; *Kruse*, S. 14. P. *Geib*, S. 13, geht wohl zu weit, wenn er jegliche Übereinstimmung zwischen den einzelnen Beschlagnahmearten leugnet.

[42] Dieser Begriff wurde in dem Streit um die Frage, ob Forderungen i. S. von § 136 I StGB verstrickt sein können, entwickelt. Während das RGSt 24, 40 ff. (52); *Binding*, S. 612 und *Kruse*, S. 16, der Ansicht sind, daß „Verstrickung" nur das Ergebnis solcher Beschlagnahmeakte sei, die sich nach außen manifestieren, steht die h. A. in der Rechtslehre und die Rechtsprechung heute auf dem Standpunkt, daß sich die Frage, ob eine „Sache" verstrickt sei, nach der jeweiligen Beschlagnahmenorm richte. So z. B. *Schönke / Schröder*, § 137 a. F., Anm. 6; *Dreher*, § 136 Anm. 3; *Berghaus*, S. 108 f.; RGSt 48, 361 ff. (362); RGSt 65, 248 ff. (249); BGHSt 15, 149 ff. (150). Wenn dieser akzessorische Verstrickungsbegriff bisher auch nur in der Strafrechtslehre gebräuchlich gewesen ist, so kann man ihn doch angesichts der Abhängigkeit des Inhalts der Verstrickung von dem Zweck der jeweiligen Beschlagnahmeermächtigung auch allgemein verwenden.

[43] *Wyszomirski*, GA 36, 1 ff. (4); *Gerdes*, S. 2; *Kaufmann*, S. 124. Streitig ist allerdings, ob es sich um einen Zwangszugriff handeln muß, siehe *Messer*, S. 54 ff.; P. *Geib*, S. 13 Fn. 5.

[44] *Gerdes*, S. 3; *Mothes*, S. 19.

vorläufige oder provisorische[44a] Maßnahme ist, mit der die Durchführung einer weiteren endgültigen Maßnahme sichergestellt wird[45]. Dieser provisorische Sicherungszweck, der allen Beschlagnahmeermächtigungen eigen ist, ist aber zu unterscheiden von dem endgültigen Zweck der Beschlagnahme[46]. Dieser endgültige Beschlagnahmezweck ist je nach der Beschlagnahmenorm verschieden. So besteht z. B. bei der Beschlagnahme von Beweismitteln nach §§ 94 ff. StPO und der von Tatwerkzeugen nach §§ 94 ff. StPO i. V. m. § 74 StGB der vorläufige Zweck beider in einer Sicherstellung bis zum Verfahren. Während der endgültige Zweck allerdings bei der Beschlagnahme von Beweismitteln sich bereits in dem „Zur-Verfügung-Halten" der Sache erschöpft[47], besteht der der Beschlagnahme von Tatwerkzeugen darüber hinaus in der Vorbereitung der Einziehung, also des Eigentumswechsels[48]. Nicht zu den allen Beschlagnahmetatbeständen eigenen Erfordernissen gehört die sogenannte „Effektivität"[49] der Beschlagnahme, d. h. es gehört nicht zu den Voraussetzungen einer aufgrund der Beschlagnahme entstandenen Verstrickung, daß diese nach außen hin in Erscheinung tritt[50]. Es ist nämlich heute unstreitig, daß auch Forderungen beschlagnahmt werden können[51], obwohl hier der Beschlagnahmeakt und der Zustand der Verstrickung nach außen nicht in Erscheinung treten können. Durch

---

[44a] *Gerdes*, S. 11; *Binding*, S. 616; *Mengelkoch*, Staatslexikon, Spalte 823.

[45] *Gerdes*, S. 11. Nach *Kaufmann*, S. 123, gehört sie zu den strafprozessualen Sicherheitsmaßnahmen. Was den Sicherungszweck der Beschlagnahme angeht, so ist man sich in diesem Punkte einig. Siehe nur RGZ 100, 119 ff. (221 f.); *Berg*, JuS 65, 190 ff. (192); *Rosenberg*, § 190 II 1; *Messer*, S. 116.

[46] Auf einen solchen weiteren Zweck weist ausdrücklich *Gerdes*, S. 12 hin.

[47] *Kaufmann*, S. 154 ff.; *Huber*, S. 47; *von Canstein*, S. 25; *Loewe / Rosenberg / Dünnebier*, § 94 a. F., Anm. IV 5; *KMR (Müller)*, § 94 a. F., Anm. 6 c bb.

[48] *Kaufmann*, S. 154 ff.; *Huber*, S. 46 f.

[49] Der Begriff der Effektivität wurde im Völkerrecht entwickelt und von *Binding* erstmals für die Beschlagnahme gebraucht; *Binding*, S. 610.

[50] and. Ans. *Binding*, S. 610 und RGSt 24, 40 ff. (52), die ausgehend von einer Untersuchung des Verstrickungsbruches nach § 136 I StGB forderten, die Verstrickung müsse nach außen hin erkennbar sein. Demzufolge hielten sie eine Verstrickung von Forderungen für nicht möglich. Wenn *Binding*, S. 610 und das RGSt 24, 40 ff. (52) (and. Ans. RGSt 65, 248 ff. [249] für das ZVG) dieses Merkmal noch als allen Beschlagnahmetatbeständen eigenes Merkmal auffaßten, so zeigte sich doch bald, daß es — wenn überhaupt — nur für den Verstrickungsbruch im Strafrecht Bedeutung haben könnte, nicht aber, daß es Voraussetzung einer jeglichen Beschlagnahme ist. Mit der Erkenntnis, daß die Pfändung ein Beschlagnahmeakt ist, stand fest, daß auch Forderungen verstrickungsfähig sind, obwohl hier die Beschlagnahme nie effektiv sein kann. So wird denn auch das Merkmal der Effektivität nur noch vereinzelt (siehe z. B. *Maurach*, § 72 II B, S. 662) und dann auch nur für eine Verstrickung im Sinne des § 136 I StGB gefordert. Man spricht hier vom strafrechtlichen Verstrickungsbegriff, siehe *Berghaus*, S. 109; *P. Geib*, S. 12 Fn. 9.

[51] *Kaufmann*, S. 138; *Loewe / Rosenberg / Dünnebier*, § 94 a. F., Anm. 1. Für die Beschlagnahme im Zivilprozeßrecht ist dies selbstverständlich und folgt bereits aus § 829 ZPO.

diesen hoheitlichen Zugriff zum Zwecke der Sicherung einer weitergehenden endgültigen Maßnahme gerät der betreffende Gegenstand in den Machtbereich des Staates[52]. Die Beschlagnahme begründet also eine publizistische Verfangenheit[53] des Gegenstandes, die in der Rechtslehre auch besonderes Gewaltverhältnis[54] genannt wird. Dies, nichts mehr und nichts weniger, ist der *allgemeine* Inhalt des Begriffs Verstrickung[55].

Die bisherigen Untersuchungen haben ergeben, daß jede rechtmäßige Beschlagnahme den betreffenden Gegenstand in den Zustand publizistischer Verfangenheit, also in den Zustand der Verstrickung, versetzt. Diese Feststellung allein gibt aber noch keine Anwort auf die oben[56] gestellte Frage, ob die Verstrickung Ausdruck für einen gesetzlich angeordneten Zuwachs der Verfügungsmacht auf seiten des Staates ist. Die Tatsache, daß ein Gegenstand in den Machtbereich des Staates

---

[52] Über diesen Punkt herrscht Einigkeit in der Literatur. *Kaufmann*, S. 123, meint z. B., das einzige, was man von allen Beschlagnahmetatbeständen gleichmäßig sagen könne, „ist, daß es sich um eine durch staatlichen Befehl angeordnete Ingewaltnahme bestimmter Sachen oder Rechte handelt". Streitig ist allerdings wieder, ob der betreffende Gegenstand in den rechtlichen oder lediglich tatsächlichen Machtbereich des Staates gelangt. Siehe die Formulierungen bei *Rosenberg*, § 190, II 1 und *Binding*, S. 609.

[53] Diesen Begriff verwenden *Schwinge*, S. 9 und *P. Geib*, S. 16.

[54] *Messer*, S. 116, verwendet diesen Ausdruck. In diesem Zusammenhang stößt die Verwendung dieses Ausdrucks auch auf keine Bedenken. Der Streit im Verwaltungsrecht um diesen Begriff entzündet sich nämlich nur an dem besonderen Gewaltverhältnis bezüglich Personen und nicht bezüglich Sachen. Siehe *Wolff / Bachof*, Verwaltungsrecht I, § 32 IV c 3.

[55] Falsch insoweit *Kruse*, S. 16, der Verstrickung allgemein als Begründung der staatlichen Verfügungsgewalt definiert. Unrichtig aber auch *Gerdes*, S. 11, der Verstrickung als tatsächliche oder rechtliche Verfügungsbeschränkung definiert. Die Verstrickung hat unmittelbar weder etwas mit der dem Staat eventuell zuwachsenden Verfügungsmacht, noch mit der Einschränkung der Verfügungsmacht des Betroffenen zu tun. Sie ist lediglich Zeichen dafür, daß die Sache in den Machtbereich des Staates gelangt ist. Zu weitgehend daher auch, wenn *Stein*, Grundfragen, S. 26 f., Verstrickung *allgemein* als *rechtliche* Gebundenheit für den Staat bezeichnet. Es kann sich nämlich auch um eine lediglich tatsächliche Gebundenheit handeln. and. Ans. *P. Geib*, S. 13, der einen einheitlichen Verstrickungsbegriff gänzlich ablehnt. *P. Geib* und im Anschluß daran *Gaul*, FamRZ 72, 533 ff. (535) (Bespr. zu *P. Geib*) halten es auch für dogmatisch wenig fruchtbar, einen solchen einheitlichen Begriff zu entwickeln. m. E. können die Besonderheiten und Eigentümlichkeiten einer speziellen Beschlagnahmeart aber nur dann herausgearbeitet werden, wenn vorher festgestellt wurde, was zu den Erfordernissen einer jeglichen Beschlagnahme gehört. Anderenfalls besteht die Gefahr, eine derartige Voraussetzung ungeprüft hinzunehmen. Dies zeigt sich in den Ausführungen von *P. Geib*, wenn er auf Seite 16 allgemein feststellt, „publizistische Verfangenheit und private Verfügungsmacht schließen sich aus", ohne vorher zu untersuchen, was publizistische Verfangenheit allgemein und im besonderen Fall der Pfändung ist. Eine publizistische Verfangenheit kann sich in einer rein tatsächlichen Herrschaftsgewalt erschöpfen, die die rechtliche Verfügungsmacht des einzelnen nicht ausschließen würde.

[56] Siehe oben § 9 II 2 vor Fn. 29.

gelangt, sagt noch nichts darüber aus, ob die Macht des Staates sich auch auf die Verfügungsgewalt über den betreffenden Gegenstand erstreckt. Aus dem Grundsatz der Verhältnismäßigkeit der Mittel folgt nämlich, daß der Staat insoweit in die Rechte von Privatpersonen eingreifen darf, als es zur Durchführung seiner durch das Gesetz vorgeschriebenen Ziele notwendig ist[57]. Mit anderen Worten: Das zur Beschlagnahme ermächtigende Gesetz kann nur zu solchen Eingriffen berechtigten, die der jeweilige Beschlagnahmezweck erfordert. Die mit jeder Beschlagnahme entstehende Verstrickung kann also nur dann allgemein Ausdruck für einen Zuwachs der Verfügungsbefugnis auf seiten des Staates sein, wenn *jede* Beschlagnahme ein Ziel verfolgt, das einen solchen Zuwachs der Verfügungsmacht auf seiten des Staates erforderlich macht.

Schon der Überblick über die oben genannten[58] Beschlagnahmetatbestände zeigt aber, daß nicht jede Beschlagnahme zu einem Zuwachs der Verfügungsmacht auf seiten des Staates führt. Die Beispiele der polizeilichen Beschlagnahme von Beweismitteln in § 94 StPO, die Beschlagnahme nach § 7 FleischbG, die Beschlagnahme nach § 7 LebensmittelG und die präventiv-polizeiliche Beschlagnahme aufgrund der Generalklausel lassen erkennen, daß es Beschlagnahmetatbestände gibt, deren Ziel es lediglich ist, einen Gegenstand für eine bestimmte Zeit rein tatsächlich aus dem Verkehr zu ziehen[59]. In diesen Fällen ist ein Zuwachs der rechtlichen Verfügungsbefugnis auf seiten des Staates nicht nur überflüssig, sondern allein auch zu wenig. Um zu erreichen daß ein Gegenstand nicht mehr der Öffentlichkeit zugänglich ist, ist lediglich die Begründung eines öffentlich-rechtlichen Gewahrsams[60] das richtige Mittel. Würde man nämlich in diesen Fällen zwar dem Staat die Verfügungsmacht über diese Dinge zusprechen, dem Eigentümer aber den unmittelbaren Besitz an der Sache lassen, so würde dies den Eigentümer nicht hindern, die Sache zu verleihen, zu vermieten oder zu verstecken; alles Vorgänge, denen eine derartige Beschlagnahme zuvorkommen soll. Ein Zuwachs in beide Richtungen, also ein Zuwachs sowohl der rechtlichen Verfügungsbefugnis als auch der tatsächlichen Gewalt über die betreffende Sache widerspräche aber dem Verhältnismäßigkeitsgrundsatz, da in diesen Fällen die Erreichung des

---

[57] Auf diesen Gesichtspunkt weist *Huber*, S. 48 erstmalig hin. Ähnlich, wenn auch aus dem Blickwinkel des von der Beschlagnahme Betroffenen betrachtet, bereits *Wyszomirski*, GA 36, S. 1 ff. (4); *Mothes*, S. 81; und neuerdings *Kaufmann*, S. 155, die ausführen, daß die mit der Beschlagnahme verbundene Verfügungsbeschränkung nur soweit gehen dürfe, wie der Beschlagnahmezweck es erfordere.

[58] Siehe oben § 9 II 3 b.

[59] and. Ans. *Wolff*, Verwaltungsrecht III, § 129 VI 4 β.

[60] Unabhängig davon, ob dies durch Wegnahme oder lediglich durch Anbringung von Siegeln geschieht.

Beschlagnahmezweckes lediglich einen Zuwachs der tatsächlichen Gewalt über die Sache auf seiten des Staates erfordert[61].

Wenn aber diese Beispiele zeigen, daß es Fälle gibt, in denen das zur Beschlagnahme ermächtigende Gesetz nicht gleichzeitig einen Zuwachs der Verfügungsbefugnis über die betreffende Sache vorsieht, kann es auch nicht zum allgemeinen Inhalt einer jeden Verstrickung gehören, daß die Sache in den rechtlichen Machtbereich des Staates gelangt. Der Inhalt der Verstrickung muß sich mit der Tragweite der jeweiligen gesetzlichen Beschlagnahmeermächtigung decken. Mit anderen Worten: Der allgemeine Begriff „Verstrickung" sagt noch nichts darüber aus, ob dem Staat die „Rechtsgewalt" über die beschlagnahmte Sache zusteht, oder ob er sich auf eine tatsächliche Gewalt über die Sache beschränkt. Diese Frage muß anhand des jeweiligen endgültigen Beschlagnahmezweckes beantwortet werden. Wenn aber der allgemeine Verstrickungsbegriff keine derartige Aussage enthält, kann auch nicht jede Beschlagnahme ein „rechtliches" Verfügungsverbot nach sich ziehen, weil ein solches Verbot, wenn überhaupt, nur dann berechtigt ist, wenn der Staat auch die Verfügungsgewalt über die Sache erlangt.

III. Voraussetzungen, unter denen eine Beschlagnahmeermächtigung ein derartiges Konkurrenzverhältnis vorsieht und ein Verfügungsverbot erforderlich macht

1. Die Verstrickung als Zustand rechtlicher Gebundenheit der beschlagnahmten Sache für den Staat

Mit der Feststellung, daß nicht jede Beschlagnahme ein Verfügungsverbot für den Betroffenen nach sichzieht, ist nicht gesagt, daß dies nicht im *Einzelfall* möglich sein kann. Einige der Gesetze, die eine Beschlagnahmeermächtigung enthalten, sehen sogar ausdrücklich ein Verfügungsverbot als Sicherung vor. Zu diesen Vorschriften gehören beispielsweise § 45 BLeistG; § 10 VereinsG; § 23 ZVG[62].

---

[61] So auch *Kaufmann*, S. 155; *Huber*, S. 47 ff.; *Mothes*, S. 81; *Wyszomirski*, GA 36, 1 ff. (4); *von Canstein*, S. 26; *Gerdes*, S. 3, 9. Alle diese Autoren betrachten dieses Problem allerdings von der Seite des Betroffenen her, also von der Frage, ob der Zweck der Beschlagnahme eine rechtliche Einschränkung des Betroffenen erforderlich macht oder nicht. Da aber eine rechtliche Einschränkung des Betroffenen nur dann erforderlich sein kann, wenn dem Staat die Verfügungsbefugnis aufgrund der Beschlagnahmeermächtigung zugewachsen ist, ist es berechtigt, die oben genannten auch in dem hier gegebenen Zusammenhang zu zitieren.

[62] Nicht zu diesen Vorschriften gehören § 829 und § 857 ZPO, denn das inhibitorium ist, wie oben § 6 II festgestellt, selbst noch keine Anordnung eines Verfügungsverbotes. Ebenfalls nicht hierher gehört trotz des scheinbar entgegengesetzten Wortlautes § 74 e III i. V. m. § 73 a II StGB (and. Ans. *Lackner / Maassen*, § 74 e Anm. 3). Denn § 74 e StGB bezieht sich nicht auf die Beschlagnahme, sondern auf die Anordnung der Einziehung; die Be-

Betrachtet man diese und ähnliche Fälle genauer, sieht man, daß hier dem Staat in dem zur Beschlagnahme ermächtigenden Gesetz die Verfügungsmacht über die betreffenden Gegenstände zugesprochen ist: so dient die Beschlagnahme nach dem BLeistG der Vorbereitung einer Enteignung, die nach dem VereinsG der Vorbereitung einer Einziehung und die nach dem ZVG der Vorbereitung der Zwangsversteigerung, also in allen diesen Fällen der Sicherung einer späteren Verfügung durch den Staat. In diesen Fällen bedeutet also der durch die Beschlagnahme entstandene Verstrickungszustand nicht nur eine tatsächliche Verfangenheit der Sache zugunsten des Staates, sondern auch (oder manchmal auch nur[63]) eine rechtliche, so daß ein Konkurrenzverhältnis zwischen staatlicher und privater Verfügungsmacht entsteht.

2. Sicherungsbedürftigkeit der Durchsetzung des Beschlagnahmezweckes

Es liegt also die Annahme nahe, daß stets dann, wenn die Verstrickung eine rechtliche Gebundenheit der beschlagnahmten Sache für den Staat bedeutet, das Aufrechterhalten dieses Verstrickungszustandes durch ein Verfügungsverbot geschützt wird. Doch auch das ist nicht folgerichtig. Ein Verfügungsverbot ist nämlich eine rechtliche Sicherung desjenigen, für den die Beschlagnahme durchgeführt wird. Eine solche rechtliche Sicherung, die gleichzeitig eine Einschränkung der Eigentumsrechte des von der Beschlagnahme Betroffenen bedeutet, kann nur dann notwendig sein, wenn der Verstrickungszustand und die Erreichbarkeit des endgültigen Beschlagnahmezwecks ohne eine derartige Sicherung gefährdet ist[64]. Andernfalls ist ein Verstoß gegen den Verhältnismäßigkeitsgrundsatz gegeben. Ein Überblick über die in Betracht kommenden Beschlagnahmetatbestände zeigt aber, daß nicht in jedem Falle, in dem die Verstrickung eine rechtliche Gebundenheit für den Staat bedeutet, das Aufrechterhalten des Verstrickungs-

---

schlagnahme liegt aber zeitlich vor der Anordnung der Einziehung und ist, wie häufig übersehen wird, in den §§ 94 ff. StPO geregelt.

[63] Der Hauptfall einer nur rechtlichen Gebundenheit für den Staat durch die Beschlagnahme ist die Beschlagnahme von Forderungen. In diesen Fällen ist eine tatsächliche Gebundenheit wegen des rein ideellen Charakters einer Forderung nicht denkbar. Eine Beschlagnahme von Forderungen kommt allerdings auch nur in den Fällen in Betracht, in denen das Gesetz ohnehin einen Zuwachs der Verfügungsmacht vorsieht. So ist es in der Tat im Fall der Pfändung von Forderungen; sie dient nämlich der Vorbereitung der öffentlich-rechtlichen Versteigerung. Daher bildet die Beschlagnahme von Forderungen keine Ausnahme von dem hier aufgestellten Grundsatz, daß die Verstrickung nur dann einen Zustand *rechtlicher* Gebundenheit für den Staat darstellt, wenn dem Staat durch gesetzliche Ermächtigung ohnehin die rechtliche Verfügungsmacht über die betreffende „Sache" zuwächst.

[64] In diesem Sinne *Mothes*, S. 81; *Wyszomirski*, GA 36, 1 ff. (4); *von Canstein*, S. 56 oben; *Kaufmann*, S. 154 f.; *Huber*, S. 46 ff.; *Gerdes*, S. 10 ff.

zustandes und somit die Durchführung des Beschlagnahmezweckes rechtlich gesichert werden muß. Eine rechtliche Sicherung desjenigen, für den die Beschlagnahme durchgeführt wird, ist nur dann erforderlich, wenn die Notwendigkeit besteht, daß die zur Zeit der Beschlagnahme an dem betreffenden Gegenstand bestehenden Rechtsverhältnisse erhalten bleiben müssen. Mit anderen Worten: Eine rechtliche Sicherung ist nur dann notwendig, wenn die endgültige Erreichbarkeit des Beschlagnahmezweckes davon abhängt, ob die Sache noch im Eigentum des von der Beschlagnahme Betroffenen steht oder nicht. Daß es aber darauf nicht in jedem Fall ankommt, in dem die Verstrickung eine rechtliche Gebundenheit für den Staat bedeutet, zeigt der Fall der Beschlagnahme zur Vorbereitung einer Einziehung nach § 74 II Nr. 2 StGB[65]. In diesem Falle dient die Beschlagnahme der Vorbereitung des Eigentumserwerbs durch den Staat; die Verstrickung bedeutet also eine rechtliche Gebundenheit für den Staat. Dennoch ist eine rechtliche Sicherung des Einziehungsberechtigten (Staat), die für den Betroffenen eine Einschränkung in seiner rechtlichen Verfügungsmacht mit sich bringen würde, nicht erforderlich. Voraussetzung für die Einziehung nach § 74 II Nr. 2 StGB ist nämlich nicht das Eigentum des Betreffenden, sondern nur entweder die Tatsache, daß diese „producta et instrumenta sceleris" allgemein gefährlich sind, oder die Tatsache, daß die Gefahr besteht, daß mit ihnen weitere Verbrechen begangen werden. Da also bei der Beschlagnahme von producta et instrumenta sceleris im Sinne von § 74 II Nr. 2 StGB die Ermächtigung zur Einziehung unabhängig von den bestehenden Eigentumsverhältnissen besteht, ist es überflüssig, den von der Beschlagnahme Betroffenen in seiner rechtlichen Verfügungsgewalt über die Sache einzuschränken; denn die Einziehung findet ja in jedem Falle statt, und zwar auch dann, wenn während des Verstrickungszustandes der Eigentümer des in Betracht kommenden instrumentum sceleris gewechselt hat[66]. Zwar ist seit dem 1. 1. 1975 in § 111 c V StPO im Gegensatz zu der früher diesen Fall betreffenden Regelung des § 94 a. F. StPO vorgesehen, daß die Beschlagnahme von Gegenständen, die der Einziehung unterliegen, zu einem Verfügungsverbot führt. Die vorstehenden Ausführungen haben aber gezeigt, daß ein Verfügungsverbot als Beschlagnahmefolge

---

[65] Daß die Einführung des § 74 e III i. V. m. § 73 d II StGB in diesem Zusammenhang keine Änderung gebracht hat, weil diese Vorschrift nur die Anordnung der Einziehung, nicht aber die Beschlagnahme zur Vorbereitung dieser Einziehung nach §§ 94 ff. StPO betrifft, wurde bereits oben § 9 III 1 in Fn. 62 erwähnt.

[66] *Huber*, S. 48; *Kaufmann*, S. 154 f.; and. Ans. die h. M., siehe nur *Loewe / Rosenberg / Dünnebier*, § 94 a. F., Anm. IV 5; *KMR (Müller)*, § 94 a. F., Anm. 6 c, die bloß zwischen der Möglichkeit eines relativen und absoluten Verfügungsverbotes unterscheiden, aber die Frage, ob im Fall der Beschlagnahme eines Gegenstandes i. S. v. § 74 II Nr. 2 StGB ein Verfügungsverbot überhaupt irgendeinen Nutzen bringt, gar nicht untersuchen.

in den Fällen überflüssig ist, in denen Gegenstände im Sinne von
§ 74 II Nr. 2 StPO von der Einziehung betroffen sind. Da es nicht
richtig sein kann, den Eigentümer in seiner Verfügungsbefugnis über
den Einziehungsgegenstand zu beschränken, wenn die Vorbereitung
der Einziehung dies nicht erfordert, wird man m. E. § 111 c V StPO
dahingehend einschränkend auslegen müssen, daß er nur für Ein-
ziehungsgegenstände im Sinne von § 74 II Nr. 1 StPO gilt[67]. Es kann also
festgestellt werden, daß die Beschlagnahme selbst dann, wenn sich der
Verstrickungszustand in einer rechtlichen Gebundenheit für den Staat
äußert, nicht unbedingt eine rechtliche Einschränkung des von der
Beschlagnahme Betroffenen zur Folge hat. Ob eine rechtliche Einschränkung des von der Beschlagnahme Betroffenen entsteht, hängt
allein davon ab, ob der endgültige Beschlagnahmezweck dies erfordert.

3. Keine ausreichende Sicherung
durch ein anderes Rechtsinstitut

Ist jedoch im Einzelfall eine solche Sicherung notwendig, so ergibt
sich die Frage, ob diese Sicherung zwingend in einem Verfügungsverbot bestehen muß. Zwar ist bisher hiervon ausgegangen worden[68],
aber Zweifel an der Richtigkeit dieser Annahme ergeben sich zumindest
für die Fälle, in denen das Gesetz die Form der Sicherung nicht ausdrücklich vorschreibt und eine andere Sicherung, die den von der
Beschlagnahme Betroffenen weniger als ein Verfügungsverbot in seinen
Rechten einschränkt, ausreicht, um zu sichern, daß der Beschlagnahme-

---

[67] Gegen diese Auslegung kann auch nicht eingewandt werden, daß die
Zugriffsmöglichkeit des Staates ohne das Verhängen eines Verfügungsverbotes erschwert wird, denn die Sicherung der tatsächlichen Zugriffsmöglichkeit erfordert auch nur eine tatsächliche, nicht aber eine rechtliche Einschränkung des Eigentümers.

[68] Siehe § 9 II und § 9 III bei Fn. 63. Dieser — wie sich jetzt herausstellt
— inkorrekte Ausgangspunkt wurde bisher beibehalten, weil ursprünglich
die Lehre vom Verfügungsverbot als Beschlagnahmefolge auf dem Gedanken
der Konkurrenz zwischen staatlicher und privater Verfügungsmacht aufgebaut wurde. Siehe nur *Binding*, S. 612; *Messer*, S. 116 und *P. Geib*, S. 16.
Eine Klarstellung zu einem früheren Zeitpunkt hätte nur zu einer noch
größeren Begriffsverwirrung geführt, als es bei den Äußerungen über die
Beschlagnahmefolgen in der Literatur ohnehin schon der Fall ist. Der
Begriff Verfügungsbeschränkung wird nämlich in diesem Zusammenhang
von Rechtslehre und Rechtsprechung zum Teil ausgesprochen mißverständ-
lich gebraucht. So schreibt z. B. noch das RGZ 118, 276 ff. (277), daß sich
der Gerichtsvollzieher, um wirksam zu pfänden, eine die „Verfügungsmacht
des Schuldners ausschließende *tatsächliche* Gewalt" über die Sachen verschaffen muß. Hier liegt doch offensichtlich eine Verwechslung von rechtlicher und tatsächlicher Verfügungsmacht vor. Der Grund für diese Mißver-
ständnisse liegt in der von älteren Entscheidungen gewählten Formulierung
von Beschlagnahme durch „in Gewahrsam nehmen" oder durch „Verfügungsbeschränkung", wobei mit Verfügungsbeschränkung das Versiegeln
beschlagnahmter, aber im Gewahrsam des Betroffenen belassener Sachen
gemeint war. s. hierzu *Kaufmann*, S. 155.

zweck erreicht wird. Nach dem Grundsatz der Verhältnismäßigkeit der Mittel darf der Staat nur insoweit in die Rechtssphäre privater Individuen eingreifen, als es unbedingt erforderlich ist, um seine Ziele zu erreichen[69]. So war z. B. bis zur Einführung des § 111 c StPO die Annahme von *Dalcke / Fuhrmann / Schäfer*[70] nicht von der Hand zu weisen, eine Beschlagnahme von instrumenta et producta sceleris im Sinne von § 74 II Nr. 1 StGB, die nur gegenüber dem Eigentümer zulässig ist, bewirke neben der Verstrickung als notwendige rechtliche Sicherung nicht ein Verfügungsverbot, sondern eine Anwartschaft für den Staat. Eine solche Anwartschaft beschränkt den Betroffenen nämlich nicht in dem Maße wie ein Verfügungsverbot. Der Betroffene kann noch allen gegenüber über den beschlagnahmten Gegenstand wirksam, wenn auch mit einem Anwartschaftsrecht belastet, verfügen, und der Einziehungsanspruch des Staates wäre dennoch ausreichend gesichert[71].

Ist es aber bereits dann, wenn die Art der erforderlichen rechtlichen Sicherung nicht im Gesetz vorgeschrieben ist, zweifelhaft, ob diese Sicherung durch ein Verfügungsverbot erfolgt, so kann in den Fällen, in denen das Gesetz ausdrücklich eine *andere* rechtliche Sicherung für die Erreichung des Beschlagnahmezweckes vorschreibt, erst recht nicht angenommen werden, daß die Beschlagnahme neben der Verstrickung ein Verfügungsverbot zur Folge habe. Eine gesetzlich vorgeschriebene Sicherung muß nämlich auf jeden Fall vor einer nur durch Auslegung gewonnenen Vorrang haben.

Abschließend kann man feststellen, daß die Beschlagnahme stets nur dann neben der Verstrickung ein Verfügungsverbot zu Lasten des von der Beschlagnahme Betroffenen bewirkt, wenn:

1. das zur Beschlagnahme ermächtigende Gesetz den Staat zugleich ermächtigt, über den betreffenden Gegenstand zu verfügen, so daß sich die Verstrickung in einer rechtlichen Gebundenheit für den Staat äußert, und

2. der Beschlagnahmezweck einer rechtlichen Sicherung in Form einer rechtlichen Einschränkung des Betroffenen bedarf und

3. diese erforderliche rechtliche Sicherung nicht bereits durch ein anderes im Gesetz vorgeschriebenes Rechtsinstitut gewonnen wird[72].

---

[69] Siehe bereits § 9 III 2 bei Fn. 62.

[70] *Dalcke / Fuhrmann / Schäfer*, § 40 a. F., Anm. 6; im Ergebnis ebenso diejenigen, die die Möglichkeit eines gutgläubigen Dritterwerbs lediglich gemäß §§ 931, 934, 936 BGB (und nicht nach § 135 II i. V. m. § 932 BGB) bejahen. So z. B. *LK (Schäfer)*, § 40 a. F., Anm. II 4.

[71] Am gutgläubigen Dritterwerb scheitern nämlich sowohl relatives Verfügungsverbot als auch Anwartschaftsrecht.

[72] Dies sind auch nach *Huber*, S. 46 ff., die Voraussetzungen für ein Verfügungsverbot als Beschlagnahmefolge.

IV. Die Anwendung der entwickelten Grundsätze auf den hier zu untersuchenden Spezialfall der Beschlagnahme: die Pfändung

Um zu ermitteln, ob in dem hier interessierenden Einzelfall der Beschlagnahme, nämlich in dem Fall der Zwangsvollstreckung in bewegliche Sachen und Forderungen, diese ein Verfügungsverbot zur Folge hat, obwohl dies im Gesetz nicht vorgesehen ist, muß untersucht werden, ob die drei als notwendig erkannten Voraussetzungen für ein Verfügungsverbot als Beschlagnahmefolge auf die Zwangsvollstreckung zutreffen.

1. Die ZPO als Ermächtigung des Staates, über die gepfändeten Gegenstände zu verfügen

Diese Frage ist, seit sich im Anschluß an Friedrich Stein eine konsequente öffentlich-rechtliche Betrachtungsweise der Vorgänge in der Zwangsvollstreckung durchgesetzt hat, einfach zu beantworten. Seither ist es anerkannt, daß der Gerichtsvollzieher die im Gesetz vorgeschriebene Versteigerung[1] nicht im Namen des Gläubigers, sondern, wie es das RG[2] formuliert, „als Staatsorgan kraft der ihm vom Gesetz gegebenen Macht" durchführt. Adressat der Ermächtigung zur Versteigerung nach den Vorschriften der ZPO ist daher ein Staatsorgan und nicht etwa die lediglich durch ein Staatsorgan vertretene Privatperson „Gläubiger". Die ZPO, die den Gerichtsvollzieher ermächtigt, die Sachen des Schuldners zu beschlagnahmen, ermächtigt ihn also auch, später über die beschlagnahmten Gegenstände im Wege der Zwangsversteigerung zu „verfügen". Die Verstrickung ist demnach im Fall der Beschlagnahme durch die Zwangsvollstreckung der Zustand *rechtlicher* Gebundenheit für den Staat. Die erste Voraussetzung für die Annahme eines relativen[3] Verfügungsverbotes als Beschlagnahmefolge in der Zwangsvollstreckung, nämlich die Berechtigung des Staates, nach vollzogener Beschlagnahme über den betreffenden Gegenstand zu verfügen, ist damit erfüllt.

---

[1] Der Einfachheit halber ist hier nur von der Pfändung beweglicher Sachen gesprochen worden, das gleiche gilt sinngemäß für die Pfändung von Forderungen.

[2] RGZ 153, 257 ff. (261).

[3] Die Relativität dieses Verfügungsverbotes ergibt sich bereits aus dem Verhältnismäßigkeitsgrundsatz. Da die Zwangsvollstreckung, wenn auch nicht im Auftrag des Gläubigers, so aber doch in seinem Interesse durchgeführt wird, kann das Verfügungsverbot auch nur so weit gehen, als dieses Interesse gefährdet ist. So ist denn auch anerkannt, daß nur vollstreckungsgefährdende Verfügungen von dem Verbot betroffen sein können und daß die Unwirksamkeit nur im Verhältnis zum Gläubiger eintritt. BGH, NJW 68, 2060; *Stein*, Grundfragen, S. 27; *Mothes*, S. 86 f.

2. Sicherungsbedürftigkeit der Durchsetzung des Beschlagnahmezweckes in der Zwangsvollstreckung

Weitere Voraussetzung für die Annahme eines Verfügungsverbotes als Beschlagnahmefolge ist die Notwendigkeit der rechtlichen Sicherung. Ob der Beschlagnahmezweck einer solchen Sicherung bedarf, kann nur aufgrund einer Untersuchung des speziellen Beschlagnahmezweckes in der Zwangsvollstreckung beantwortet werden.

a) Die Vorbereitung der Erfüllung des materiellen Anspruchs des Gläubigers als möglicher Beschlagnahmezweck

Beschlagnahmezweck in der Zwangsvollstreckung könnte in der Vorbereitung der Erfüllung des materiellen Anspruchs des Gläubigers bestehen[4]. Die Beschlagnahme ist im Fall der Pfändung, rein äußerlich gesehen, das Bereitstellen des gepfändeten Gegenstandes zur Verwertung[5], denn mit dem Abschluß der Verwertung findet auch der Verstrickungszustand sein Ende. Um also festzustellen, worin der Beschlagnahmezweck besteht, muß untersucht werden, was die Verwertung der gepfändeten Sache rechtlich darstellt. Nur dann, wenn die Verwertung der Pfandsache der Erfüllung des materiellen Anspruches des Gläubigers dient, kann der Zweck der Beschlagnahme in der Sicherung der Erfüllung dieses Anspruches bestehen. Die Verwertung der Pfandsache und die anschließende Erlösauskehrung könnten jedoch nur dann der Erfüllung des materiellen Anspruches des Gläubigers dienen, wenn sie in einer Beziehung zu dem materiellen Rechtsverhältnis zwischen Gläubiger und Schuldner ständen. Aber schon die Art und Weise, wie die Verwertung vor sich geht, läßt erkennen, daß Verwertung und Erlösauskehr unmittelbar mit der Erfüllung des materiellen Anspruches nichts zu tun haben. Sollten sie nämlich etwa mit dem materiellen Anspruch in Verbindung stehen, so müßten dem Vollstreckungsorgan auch die Kompetenz übertragen sein, die materiellen Voraussetzungen dieses Anspruches zu prüfen. Das ist aber mit der

---

[4] Dies meint wohl *Huber*, S. 54, wenn er die Realisierung der titulierten Forderung als Verfahrenszweck ansieht. Zwar muß eine titulierte Forderung nicht immer eine materiell-rechtlich existente Forderung sein, aber *Huber* scheint diese Möglichkeit außer Acht zu lassen. Er führt nämlich aus, das Pfändungspfandrecht könne bereits diesen Verfahrenszweck ausreichend schützen. Da aber *Huber* das Pfändungspfandrecht als ein privatrechtliches Pfandrecht i. S. der gemischt öffentlich-privatrechtlichen Theorie ansieht (S. 73 ff.), kann er mit „titulierter Forderung" wohl nur die materiell-rechtlich existente Forderung meinen, denn sonst würde er an dieser Stelle seiner eigenen Auffassung vom Pfändungspfandrecht widersprechen. In diesem Sinne auch *Gerdes*, S. 13, der den Beschlagnahmezweck der Zwangsvollstreckung in der Sicherung des bürgerlichrechtlichen Anspruches sieht.

[5] Die zuvor erfolgte Beschlagnahme ist zumindest Verfahrensvoraussetzung für die anschließende Verwertung in der Zwangsvollstreckung, siehe *Huber*, S. 59.

Aufgabenverteilung zwischen den verschiedenen Rechtspflegeorganen nicht vereinbar[6]. Die infolge der Übertragung der Zwangsvollstreckung auf nichtrichterliche Organe notwendig gewordene Formalisierung enthebt das Vollstreckungsorgan der Verpflichtung, zu untersuchen, ob der Anspruch des Gläubigers besteht oder nicht[7]. Das Recht und die Pflicht zur Versteigerung und zur Erlösauskehr kann sich nur an Tatsachen orientieren, die der Prüfungskompetenz des Vollstreckungsorgans unterliegen. Diese Prüfungskompetenz umfaßt aber nicht die Prüfung der materiellen Voraussetzungen, so daß sich die Versteigerung, der Eigentumserwerb des Erstehers und die Erlösauskehrung an den Gläubiger unabhängig von den materiell-rechtlichen Voraussetzungen vollziehen[8]. Wenn aber die Durchführung der Versteigerung unmittelbar nichts mit dem materiellen Anspruch zu tun hat, kann der Zweck der Beschlagnahme, mit der der Gegenstand zur Versteigerung bereitgestellt wird, auch nicht in der Sicherung der materiellen Befriedigung des Gläubigers bestehen[9].

b) Die Vorbereitung der Erfüllung des
Vollstreckungsanspruches als möglicher Beschlagnahmezweck

Besteht der Beschlagnahmezweck aber nicht in der Vorbereitung der Erfüllung des materiellen Anspruches des Gläubigers, so könnte er in der Vorbereitung der Erfüllung des Anspruches auf Vollstreckung gesehen werden.

aa) Existenz des Vollstreckungsanspruches

Bevor jedoch darauf eingegangen werden kann, ob die Sicherung der Erfüllung eines solchen Anspruches Beschlagnahmezweck sein kann, muß zunächst untersucht werden, ob es einen Anspruch auf Vollstreckung gibt. Dies kann aber nicht abstrakt festgestellt werden, da als Anspruchsinhaber sowohl der Staat als auch der Gläubiger in Betracht kommen könnte und die Frage, ob die Annahme eines solchen Anspruches überhaupt gerechtfertigt ist, davon abhängen kann, wer als möglicher Anspruchsinhaber angesehen werden muß.

---

[6] Siehe *Gaul*, Rpfleger 71, 1 ff. (5).

[7] Sie enthebt ihn nicht nur dieser Verpflichtung, sie verbietet ihm sogar diese Prüfung. *Gaul*, Rpfleger 71, 1 ff. (5).

[8] Siehe *Gaul*, Rpfleger 71, 1 ff. (5).

[9] Etwas anderes müßte gelten, wenn die Versteigerung noch — wie früher, siehe RGZ 104, 300 ff. (301); RGZ 126, 21 ff. (23 f.) — als Rechtsgeschäft aufgefaßt würde. Da aber diese Auffassung die gesamte Zwangsvollstreckung privatrechtlich auffaßte, würde sich in diesem Zusammenhang das Problem gar nicht stellen, da im Rahmen dieser privatrechtlichen Auffassung für den Begriff Beschlagnahme kein Raum ist.

aaa) Kein Vollstreckungsanspruch des Staates

Als Inhaber eines solchen Anspruches käme zunächst der Staat in Betracht, da im 8. Buch der ZPO ihm allein die Befugnis übertragen ist, die Zwangsvollstreckung durchzuführen; sei es durch den Gerichtsvollzieher, sei es durch das Vollstreckungsgericht. Mit anderen Worten: Der Staat hat das „Vollstreckungsmonopol"[10]. Ob dieses Monopol allerdings ein Recht des Staates auf Vollstreckung zur Folge hat, ist schon allein deswegen zweifelhaft, weil die Durchführung der Zwangsvollstreckung durch den Staat an gewisse Voraussetzungen geknüpft ist, deren Erfüllung nicht in der Hand des Staates, sondern in der des Gläubigers liegen. Nach § 753 ZPO ist der Beginn der Zwangsvollstreckung von einem „Auftrag"[11], oder besser gesagt, „Antrag" des Gläubigers abhängig. Eine ohne Antrag vorgenommene Zwangsvollstreckungsmaßnahme ist ebenso unberechtigt[12] wie die Weigerung des Staates, trotz vorliegenden Antrages die Zwangsvollstreckung durchzuführen. Das zeigt aber, daß dem Staat weder ein Anspruch noch ein Recht auf Vollstreckung gegen den Schuldner zusteht. Von einem „Recht" kann man nämlich nur dann sprechen, wenn der Inhaber dieses „Rechtes" auch Herr darüber ist, ob er dieses „Recht" durchsetzt oder nicht. Wenn der Staat auch das Vollstreckungsmonopol innehat, so heißt dies also nicht, daß er gleichzeitig auch ein Recht auf Vollstreckung hat. Im Gegenteil: Durch § 753 ZPO ist bereits im Gesetz festgelegt, daß der Staat die Vollstreckung nicht als Selbstzweck, sondern nur für den Gläubiger betreiben darf[13]. Seine Vollstreckungsmacht entspricht nicht einem Recht auf Vollstreckung, sondern, vorausgesetzt, der Gläubiger erfüllt die notwendigen Formalien, einer gesetzlich normierten *Verpflichtung*.

Wenn der Staat aber nicht Inhaber eines Vollstreckungsanspruches ist, so kann die Verwertung der Pfandsache auch nicht der Erfüllung eines solchen Anspruches des Staates dienen. Also kann der Beschlagnahmezweck auch nicht in der Vorbereitung der Erfüllung eines solchen Anspruches des Staates bestehen.

bbb) Vollstreckungsanspruch des Gläubigers gegen den Staat

Inhaber eines solchen Anspruches auf Vollstreckung könnte daher nur der Gläubiger sein. Es wurde bereits festgestellt, daß nach § 753

---

[10] Siehe *Schönke / Baur*, § 1 I, S. 2.

[11] Diese Formulierung beruht noch auf der privatrechtlichen Auffassung des Gesetzgebers.

[12] Ob eine ohne Antrag vorgenommene Zwangsvollstreckungsmaßnahme nichtig oder lediglich aufhebbar ist, ist umstritten. Siehe *Gaul*, FamRZ 73, 533 ff. (535 f.); *Baumbach / Lauterbach / Albers / Hartmann*, Einl. vor § 750 Anm. 2 und § 754 Anm. B.

[13] Siehe hierzu *Gaul*, Rpfleger 71, 1 ff. (7).

ZPO nur dem Gläubiger die Möglichkeit offensteht, das Vollstreckungsverfahren in Gang zu bringen. Der Gläubiger kann demnach beim
Vorliegen der Vollstreckungsvoraussetzungen (Titel, Klausel, Zustellung) vom Staat die Durchführung der Zwangsvollstreckung verlangen.
Diese Tatsache legt bereits die Annahme nahe, daß der Gläubiger insofern einen *Anspruch* gegen den Staat hat. Ob diese Möglichkeit jedoch
einem echten subjektiv-öffentlichen Recht, also einem Anspruch gegen
den Staat auf Durchführung der Zwangsvollstreckung entspricht, ist
von den Vertretern staatsautoritärer Auffassungen[14] mehrfach bezweifelt worden. Bei ihren Ausführungen handelt es sich aber weniger
um eine Auseinandersetzung speziell mit dem Vollstreckungsanspruch,
sondern um eine grundlegende Auseinandersetzung mit der Frage,
ob der einzelne überhaupt Rechte und Ansprüche gegen den Staat
haben kann. Da ihre Auffassung vom „Pflicht- und Gemeinschafts-
gedanken" getragen wird, nach der ein einzelner nicht als Individuum,
sondern lediglich in seiner gleichmäßigen Verbundenheit mit der Volks-
gemeinschaft zum Gegenstand rechtlicher Beziehungen gemacht wird[15],
war für sie die Anerkennung eines subjektiv-öffentlichen Rechtes
generell und implicite die Anerkennung eines Vollstreckungsanspruches
des Gläubigers gegen den Staat unmöglich. Konsequent faßten die
Vertreter dieser Auffassung die Möglichkeit des Gläubigers, die Zwangsvollstreckung in Gang setzen zu können, als bloßen Rechtsreflex auf[16].
Eine solche generelle Ablehnung eines Anspruches des Individuums
gegen den Staat ist aber mit der heutigen Auffassung vom Rechtsstaat
nicht vereinbar, die — wie es sogar in Artikel 19 IV GG zum Ausdruck
kommt — Rechtsschutz gegen staatliche Eingriffe in die Rechte Privater
garantiert[17].

Demzufolge ist heute bei der Auseinandersetzung um den Vollstreckungsanspruch des Gläubigers nicht mehr dessen Anspruchsqualität,
sondern lediglich sein Inhalt streitig[18]. Die Diskussion geht hier, wie
bereits *Schug*[19] herausgearbeitet hat, um zwei Fragen: einmal um die
Entstehungsvoraussetzungen dieses Anspruches und zum anderen um
die Anspruchsrichtung. Die Lösung beider Fragen ist heute unabhängig
davon, ob man mit *Wach, Hellwig, Stein, Goldschmidt, Schiedermair*
und anderen Autoren[20] den Vollstreckungsanspruch als Unterfall des

---

[14] *Raatz*, S. 32; *Bernhardt*, S. 24/32; *Kohler*, ZZP 33, 211 ff.
[15] *Raatz*, S. 23.
[16] *Bernhardt*, S. 32; *Raatz*, S. 25 will diese Möglichkeit als Ausübungs-
befugnis unterstreichen.
[17] *Scherf*, S. 22; *Schug*, S. 163 f.
[18] Zur Entwicklung der Lehre vom Vollstreckungsanspruch vgl. im einzelnen: *Schug*, S. 155 ff.
[19] *Schug*, S. 155 ff.
[20] *Wach*, Handbuch, S. 21; *Wach*, Vorträge, S. 300; *K. Hellwig*, Anspruch
und Klagrecht, S. 491; *Stein*, Voraussetzungen, S. 386; *Goldschmidt*, Rechtslage, S. 326; *Schiedermair*, S. 91.

Rechtsschutzanspruches, oder ob man ihn mit *Rosenberg, Niese* und *Groh*[21] als Unterfall des Justizgewährungsanspruches ansieht[22].

Die Lösung der ersten Frage war nämlich nur so lange streitig, wie die Vertreter der Auffassung, daß es sich bei dem Vollstreckungsanspruch um einen Unterfall des Rechtsschutzanspruches handle, den Vollstreckungsanspruch wie den Rechtsschutzanspruch vom Bestand der materiellen Forderung abhängig machten[23]. Diese Auffassung konnte sich jedoch nicht durchsetzen, da sie mit dem Zwangsvollstreckungsrecht nicht vereinbar war. Denn die Zwangsvollstreckung wird nicht nach Maßgabe des materiellen, also des vollstreckbaren, Anspruches, sondern nach Maßgabe des Titels durchgeführt. Diese Einschränkung geht so weit, daß die Vollstreckungsorgane nicht nur die materiellrechtlichen Voraussetzungen *nicht* prüfen, sondern sie sogar *nicht prüfen dürfen*[24].

Dies hat dazu geführt, daß sogar die Autoren, die den Vollstreckungsanspruch als Unterfall des Rechtsschutzanspruches ansehen, den Vollstreckungsanspruch im Gegensatz zum Rechtsschutzanspruch[25] nicht von der Existenz des materiell-rechtlichen Anspruches des Gläubigers gegen den Schuldner abhängig machen[26]. In dieser Form hat der Vollstreckungsanspruch auch durch die Gegner des Wach'schen Rechtsschutzanspruches Anerkennung gefunden. Ihre Kritik an der Einordnung des Rechtsschutzanspruches als vom materiellrechtlichen Anspruch hergesehenen Anspruch auf günstige Rechtsschutzhandlung, die sie zu der Annahme eines bloßen Justizgewährungsanspruches führte, trifft den Vollstreckungsanspruch nicht, wenn man ihn losgelöst vom materiellrechtlichen Anspruch ansieht[27].

Auch was die zweite Frage angeht, ist man sich in der Rechtslehre bald einig geworden, daß sich der Vollstreckungsanspruch nur auf das

---

[21] *Rosenberg*, § 170 II 2; *Niese*, S. 118 f.; *Groh*, ZZP 51, S. 145 ff. (147).

[22] *Schug*, S. 155 ff.; *Scherf*, S. 20.

[23] *Wach*, Handbuch, S. 19.

[24] Obwohl im Auge behalten werden muß, daß die Zwangsvollstreckung letztlich nur „um Willen des vollstreckbaren Anspruches" durchgeführt wird. Diese Erkenntnis zeigt, daß die Anerkennung des Vollstreckungsanspruches nicht zu einer endgültigen Rechtfertigung der Zwangsvollstreckung führen kann. Siehe *Rosenberg*, § 170 III 2; *Hellwig / Oertmann*, System II, S. 192; *Gaul*, Rpfleger 71, 1 ff. (3 Fn. 20); *Schug*, S. 159 Fn. 10.

[25] Zur Lehre vom Rechtsschutzanspruch, auf die hier nicht näher eingegangen werden kann, siehe *Herbst*, Die Bedeutung des Rechtsschutzanspruches, Dissertation Bonn 1973.

[26] *K. Hellwig*, Anspruch und Klagrecht, S. 149; *Stein*, Grundfragen, S. 8, 18; Voraussetzungen, S. 386; *Hellwig / Oertmann*, System II, S. 144.

[27] *Bley*, S. 17; *Bülow*, ZZP 31, 191 ff. (201); *Groh*, ZZP 51, 145 ff.; *Rosenberg*, § 170 I, II; *Niese*, S. 118; *K. Blomeyer*, S. 15 ff.; *Pecher*, S. 146; *Baumbach / Lauterbach / Albers / Hartmann*, Anm. 1 C vor § 704; *Thomas / Putzo*, Anm. I 2 vor § 704.

Verhältnis zwischen Gläubiger und Staat, von *Scherf*[28] „Antrags-verhältnis" genannt, bezieht. Die von Wach vertretene Doppelspurig-keit dieses Anspruches, einmal gegen den Staat auf Vollstreckung und zum anderen gegen den Schuldner auf Duldung der Zwangsvollstrek-kung[29], erwies sich nämlich als überflüssig, da die Pflicht zur Duldung der Zwangsvollstreckung nicht aus dem Anspruch des Gläubigers auf Vollstreckung, sondern aus dem durch Gesetz[30] für diese Fälle be-stimmten Unterwerfungsverhältnis folgt[31]. Daher kann man heute den Vollstreckungsanspruch als das Recht des Gläubigers definieren, auf-grund des Vollstreckungstitels, unabhängig vom Bestand des vollstreck-baren Anspruches, d. h. der materiellen Forderung, vom Staat die Durchführung der Zwangsvollstreckung zu verlangen[32, 33].

---

[28] *Scherf*, S. 19.

[29] *Wach*, Handbuch, S. 19.

[30] Damit ist der Einwand *J. Blomeyers*, Rpfleger 69, 279 ff. (281 - 286), nur das Gesetz könne eine solche Unterwerfungspflicht begründen, hinfällig, denn in der Zwangsvollstreckung sieht das Gesetz eine solche ausdrücklich vor.

[31] *Schug*, S. 157; *Langheineken*, S. 44; *K. Hellwig*, Anspruch und Klagrecht, S. 467, 491 ff.; *Stein*, Voraussetzungen, S. 335; in neuerer Zeit ist der Ge-danke von der Doppelspurigkeit dieses Anspruches bei *Bruns*, S. 5, 15 f., wieder aufgetaucht. Er gelangt jedoch darüber hinaus zu einer Doppelnatur des Vollstreckungsanspruches, da seiner Ansicht nach im Verhältnis Gläu-biger — Schuldner der materielle Anspruch, der im Verhältnis Gläubiger — Staat keine Rolle spielt, wieder zu beachten ist. Daß ein solcher Anspruch aber unbrauchbar ist, hat *Schug*, S. 157 f., bereits nachgewiesen. *J. Blomeyer*, Rpfleger 69, 279 ff. (285 f.) versucht neuerdings den Vollstreckungsanspruch ausschließlich auf das Verhältnis Gläubiger — Schuldner zu beziehen. Damit nimmt er dem Vollstreckungsanspruch aber die ihm eigene Aufgabe. *J. Blomeyer* ist zwar zuzugeben, daß der Vollstreckungstitel Gläubiger und Schuldner in ein neues Stadium bringe; das führt aber doch nicht dazu, daß sich der innerparteiliche materielle Anspruch in einen Vollstreckungs-anspruch, der auch nach *J. Blomeyers* Ansicht vom materiellen Bestand der Forderung noch unabhängig ist (S. 286), wandelt. Diese Ansicht muß dazu führen, daß die Vollstreckung eines erschlichenen Urteils auch im Verhältnis Gläubiger — Schuldner rechtmäßig ist. Dagegen aber schon *Stein*, Grund-fragen, S. 19. Die Rechtmäßigkeit der Zwangsvollstreckung kann sich in diesen Fällen nur auf das Verhältnis Gläubiger — Staat beziehen, weil der Titel eines erschlichenen Urteils dem Gläubiger lediglich einen Anspruch gegen den Staat, nicht aber gegen den Schuldner verleiht. Siehe hierzu auch *Scherf*, S. 20 und die grundsätzlichen Ausführungen von *Henckel*, S. 250 ff.: „Der Vollstreckungsanspruch gibt dem Gläubiger kein Recht zum Eingreifen in Schuldnervermögen, das sein Handeln rechtfertigen könnte."

[32] BGH, NJW 51, 886; *K. Hellwig*, Klagmöglichkeit, S. 13 ff., 16 ff.; *Rosenberg*, § 170 II; *Gaul*, JuS 62, 2; *Gaul*, Rpfleger 71, 1 ff. (3); BGH JR 56, 185 f.; *Bruns*, §§ 1 III 3, 5 I 2; *Stein*, Grundfragen, S. 8, 18; *Hellwig / Oertmann*, System II, S. 189 ff.; *Thomas / Putzo*, Anm. I 2 vor § 704; *Martin*, S. 121; *K. Blomeyer*, § 5 II; *Mes*, S. 23 ff.; *Schönke / Baur*, § 1 II 3, S. 4 f.; *Zöller*, Anm. 3 vor § 704.

[33] *Henckel*, S. 250, hat klargestellt, daß der Vollstreckungsanspruch dem Gläubiger weder ein unmittelbares Eingriffsrecht gegen den Schuldner noch ein solches gegen den Staat gewährt. Der Vollstreckungsanspruch gibt dem Gläubiger lediglich das Recht, vom Staat ein Eingreifen gegen den Schuldner zu verlangen. Daraus folgt, daß eine vom Gläubiger beantragte Zwangs-

bb) Bezug von Beschlagnahmezweck und Vollstreckungsanspruch

Mit der Anerkennung eines solchen Vollstreckungsanspruches ist aber allein noch nicht gesagt, ob es Zweck der Beschlagnahme in der Zwangsvollstreckung ist, die Erfüllung dieses Anspruches zu sichern. Da mit der Beschlagnahme in der Zwangsvollstreckung der Gegenstand zur Verwertung bereitgestellt wird, kommt es zur Lösung der hier anstehenden Frage darauf an, ob die Verwertung der Pfandsache durch den Staat der Erfüllung des Vollstreckungsanspruches dient oder nicht. Der Vollstreckungsanspruch mit dem oben beschriebenen Inhalt ist ein subjektiv-öffentliches Recht des Gläubigers. Er macht damit, wie Gaul betont, „in besonderer Weise die öffentlich-rechtliche Natur der Zwangsvollstreckung sinnfällig"[34]. Dies rückt den Vollstreckungsanspruch bereits in Sachnähe zu der mit der Pfändung erfolgenden Beschlagnahme und der anschließenden Verwertung. Auch die Tatsache, daß man den Pfändungsakt als Beschlagnahmehandlung und die Versteigerung als hoheitliche Eigentumsübertragung versteht, ist ein Ausfluß des öffentlich-rechtlichen Verständnisses der Zwangsvollstreckung[35]. Da die Beschlagnahme und die Verwertung Zwangsmittel der öffentlichen Hand sind, können sie auch nur da Anwendung finden, wo der Staat durch gesetzliche Zuweisung ermächtigt und zum Teil auch verpflichtet wird, in die Sphäre des Privatrechts einzudringen. Der Staat kann in der Zwangsvollstreckung nicht nach Maßgabe des tatsächlich gegebenen materiellen Anspruchs, sondern nur nach Maßgabe des Vollstreckungstitels gegen den Schuldner „tätig" werden. Soweit allerdings ein Vollstreckungsanspruch des Gläubigers gegen den Staat gegeben ist, muß der Staat die Vollstreckung für den Gläubiger gegen den Schuldner durchführen. Die Verwertung für den Gläubiger ist der letzte Akt der Vollstreckung. Mit der Verwertung ist also alles geschehen, was der Gläubiger aufgrund seines Titels vom Staat verlangen kann. Die Verwertung ist demnach die Erfüllung dieses Anspruches des Gläubigers gegen den Staat.

Wenn also — wie oben bereits festgestellt[36] — die Beschlagnahme der Bereitstellung des Gegenstandes zur Verwertung dient, so besteht ihr Zweck also darin, die Erfüllung des Vollstreckungsanspruches vorzubereiten[37].

---

vollstreckungsmaßnahme trotz bestehenden Vollstreckungsanspruches im Verhältnis Gläubiger — Schuldner rechtswidrig sein kann.

[34] *Gaul*, Rpfleger 71, 1 ff. (3).

[35] So ist denn auch der Begriff der Beschlagnahme in der Zwangsvollstreckung erst wieder aufgetaucht, als die Lehre vom rein privatrechtlichen Verständnis der Zwangsvollstreckung abwich.

[36] Siehe oben § 9 IV 2 a bei Fn. 5.

[37] and. Ans. *Huber*, S. 54, wenn er den Beschlagnahmezweck als Realisierung der titulierten (und materiell-rechtlich existenten) Forderung definiert. Die Hinzufügung der Worte „materiell-rechtlich existenten" ist wegen des

c) Sicherungsbedürftigkeit der Durchsetzung
des Beschlagnahmezweckes

Dieser Beschlagnahmezweck bedürfte aber nur dann einer besonderen rechtlichen Sicherung — wie z. B. durch ein Verfügungsverbot —, wenn die Erreichbarkeit des Beschlagnahmezweckes, d. h. die Vorbereitung der Erfüllung des Vollstreckungsanspruches, durch eine rechtliche Maßnahme des betroffenen Schuldners zunichte gemacht werden könnte. Es ist daher zu prüfen, ob die Erfüllung des Vollstreckungsanspruches durch den Schuldner verhindert werden könnte.

aa) Sicherungsbedürftigkeit des allgemeinen
Vollstreckungsanspruches

Hierbei ist zu unterscheiden zwischen der Zeit von der Erwirkung des Vollstreckungstitels bis zum Zugriff des Gerichtsvollziehers und der Zeit von diesem Zugriff bis zur Versteigerung. Auch in der Zeit von der Erwirkung des Vollstreckungstitels bis zum Zugriff durch den Gerichtsvollzieher hat der Gläubiger bereits den Vollstreckungsanspruch gegen den Staat[38]. Es ist aber fraglich, ob in dieser Zeit der Schuldner die Erfüllung des Anspruches verhindern kann. Dies ist nicht der Fall, da durch die Veräußerung einzelner Vermögensstücke die Einleitung des Zwangsvollstreckungsverfahrens nicht verhindert werden kann[39]. Der Vollstreckungsanspruch bezieht sich nämlich nicht auf einen bestimmten zu pfändenden Gegenstand, sondern beinhaltet lediglich das Recht, vom Staat die Zwangsvollstreckung in das Vermögen des Schuldners zu verlangen[40]. Für die Zeit vor dem Zugriff des Gerichtsvollziehers wäre eine Sicherung des künftigen Beschlagnahmezustandes, also eine Sicherung der künftigen Verstrickung, demnach sinnlos, weil der Vollstreckungsanspruch zu diesem Zeitpunkt nicht sicherungsbedürftig ist[41]. Da aber in dieser Zeit auch noch kein Beschlagnahme-

---

besseren Verständnisses von *Hubers* Aussage nötig. Er kann nur solche Forderungen meinen, denn sonst könnte das, wie er behauptet, privatrechtliche Pfandrecht nicht diese Forderung schützen. Das Pfändungspfandrecht entsteht seiner Ansicht nach nur nach Maßgabe der Forderung, nicht nach der des Titels.

[38] Voraussetzung für den Vollstreckungsanspruch ist allein der Titel. Dieser berechtigt den Gläubiger, den Gerichtsvollzieher mit der Zwangsvollstreckung zu beauftragen.

[39] Sollte der Schuldner alle vermögenswerten Gegenstände oder den Gegenstand, der sein ganzes Vermögen darstellt, bewußt vor der Pfändung veräußert haben, so käme eine Anfechtung nach dem Anfechtungsgesetz in Betracht.

[40] Dem entspricht, daß der Gläubiger kein Recht hat, vom Gerichtsvollzieher die Pfändung eines bestimmten Gegenstandes zu verlangen. Herrschende Meinung (and. Ans. *P. Geib*, S. 134). Der Gläubiger kann wohl Anregungen geben, hat aber kein Weisungsrecht. Er hat allerdings ein Weisungsrecht insofern, als er verlangen kann, bestimmte Sachen nicht zu pfänden.

akt durch den Staat vorliegt, könnte eine solche Sicherung als Beschlagnahmefolge ohnehin nicht in Betracht kommen.

bb) Sicherungsbedürftigkeit des konkretisierten Vollstreckungsanspruches

Entscheidend für die Frage, ob der Beschlagnahmezustand, also die Verstrickung, eine rechtliche Sicherung des Gläubigers erfordert, um den mit der Beschlagnahme verfolgten Zweck zu erreichen, kann nur der Zeitraum zwischen erfolgter Beschlagnahme und Versteigerung sein. In dieser Zeit hat aber der Vollstreckungsanspruch, der zuvor ganz allgemein als Anspruch auf Vollstreckung durch den Staat in Schuldnervermögen zu verstehen war, einen anderen Inhalt bekommen. Durch die Beschlagnahme ist ein *bestimmter* Gegenstand in den Zustand der hoheitlichen Verfangenheit, d. h. der Verstrickung, gelangt, und die Verstrickung ist (eine)[42] Voraussetzung für die Verwertung im Wege der Zwangsvollstreckung. Wenn ein bestimmter Gegenstand verstrickt ist, muß der Staat auch diesen Gegenstand für den Gläubiger verwerten. Man kann also sagen: Mit der Beschlagnahme eines bestimmten Gegenstandes im Wege der Pfändung hat sich der Vollstreckungsanspruch auf eben diesen Gegenstand konkretisiert[43].

Es ist nunmehr zu prüfen, ob dieser konkretisierte Vollstreckungsanspruch einer rechtlichen Sicherung bedarf. Sicherungsbedürftig ist er schon allein deswegen, weil der Schuldner ohne eine rechtliche Sicherung die gepfändete Sache voll wirksam und unbelastet an einen Dritten übereignen könnte. Zwar wäre so der Fortgang der Zwangsvollstreckung und damit die Verwertung nicht unmittelbar unmöglich gemacht, spätestens wäre das jedoch in dem Zeitpunkt der Fall, in dem der Dritte erfolgreich die Drittwiderspruchsklage erheben würde[44].

---

[41] Ähnlich der Gedanke von *Berghaus*, S. 97 zu § 288 StGB: „Den Vollstreckungsanspruch in seinem Bestand, d. h. die rechtliche Vollstreckungsmöglichkeit, zu schützen, wäre unsinnig, da der Schuldner den Gläubiger nicht hindern kann, von seinem gegen den Staat gerichteten subjektiven öffentlichen Recht Gebrauch zu machen." Dieser Ansicht ist wohl auch *Huber*, S. 82 Fn. 19, der feststellt, daß der Vollstreckungsanspruch keiner Sicherung bedürfe, da er auf Staatstätigkeit gerichtet sei und daher nicht durch das Verhalten des Vollstreckungsschuldners oder konkurrierender Gläubiger beeinträchtigt werden könne.

[42] Es soll hier nicht auf den Streit um die Grundlage der Verwertung eingegangen werden, da er in diesem Zusammenhang keine Rolle spielt. Es steht unabhängig von allen Theorien fest, daß zumindest die Verstrickung eine der Voraussetzungen für eine Verwertung ist, denn ohne sie darf keine Versteigerung stattfinden. *Huber*, S. 59.

[43] Von einer Konkretisierung des Vollstreckungsanspruches sprechen: *P. Geib*, S. 134; *A. Blomeyer*, Festschr. für v. Lübtow, S. 803 ff. (821). *A. Blomeyer* will allerdings den konkretisierten Vollstreckungsanspruch mit dem publizistischen Pfändungspfandrecht gleichsetzen.

Aber wenn auch der konkrete Vollstreckungsanspruch sicherungsbedürftig ist, so bleibt doch fraglich, ob es sinnvoll ist, den Gläubiger
in diesem Zusammenhang zu sichern. Sollte nämlich der konkrete
Vollstreckungsanspruch wegen einer wirksamen Verfügung des Schuldners über den gepfändeten Gegenstand undurchsetzbar werden, so
bleibt dem Gläubiger der Vollstreckungsanspruch mit seinem allgemeinen Inhalt, nämlich mit dem Inhalt, vom Staat aufgrund des Titels
die Zwangsvollstreckung in Schuldnervermögen verlangen zu können.
Eine rechtswirksame Verfügung des Schuldners bringt also für den
Gläubiger nur einen Zeitverlust mit sich, da er eine erneute Pfändung
bei dem Schuldner bewirken kann. Aber aus der Tatsache, daß der
Staat und nicht der Gläubiger im Wege der Pfändung die Konkretisierung des Vollstreckungsanspruches herbeiführt, folgt auch die Verpflichtung des Staates, den Gläubiger in dieser Situation zu sichern.
Der Gläubiger muß darauf vertrauen können, daß der Staat alles in
seiner Macht liegende tut, um die Erfüllung des Vollstreckungsanspruches durchsetzen zu können, ohne daß eine für den Gläubiger unzumutbare Verzögerung eintritt. Man kann also mit Recht sagen, daß
der Beschlagnahmezustand, also die Verstrickung, einer rechtlichen
Sicherung bedarf, weil die Erreichung des Beschlagnahmezwecks, die
Vorbereitung der Erfüllung des konkretisierten Vollstreckungsanspruches, durch eine Verfügung des Schuldners zunichte gemacht werden
kann, und daß es sinnvoll ist, den Erhalt dieses konkretisierten Vollstreckungsanspruches zu schützen.

3. Das Pfändungspfandrecht als mögliche Sicherung der Durchführung des Beschlagnahmezweckes

Es bleibt also nur noch zu untersuchen, ob der Gläubiger in der
Zwangsvollstreckung nicht bereits durch eine gesetzlich vorgesehene
Rechtsfolge der Pfändung ausreichend gesichert wird.

Die Feststellung, daß der Beschlagnahmezweck in der Vorbereitung
der Verwertung, also in der Vorbereitung der Erfüllung des Vollstreckungsanspruches besteht, und daß es einer rechtlichen Sicherung
bedarf, um diesen Zweck zu erreichen, besagt noch nichts über die
Rechtsnatur einer solchen Sicherung. In der Zwangsvollstreckung kommt
in erster Linie als mögliche Sicherung das durch Gesetz in § 804 ZPO
vorgeschriebene Pfändungspfandrecht in Betracht. Sollte die Untersuchung ergeben, daß das Pfändungspfandrecht die Erreichung des
festgestellten Beschlagnahmezweckes sichern kann, so müßte es logisch
den Vorrang vor einem lediglich durch ein in das Gesetz hineininter-

---

[44] Auf den Streit, oder der gutgläubige Dritterwerb die Verstrickung
beseitigt oder nicht, soll erst später eingegangen werden. Siehe hierzu aber
bereits *Gaul*, Rpfleger 71, 1 ff. (7).

pretiertes Verfügungsverbot haben und dieses überflüssig machen. Es ist daher zunächst zu untersuchen, ob dem Pfändungspfandrecht Sicherungswirkungen zukommen und wenn ja, ob sich diese Sicherungswirkungen auf den Beschlagnahmezweck beziehen. Diese Frage kann nicht einheitlich beantwortet werden, da über die Rechtsnatur des Pfändungspfandrechts bis heute noch keine Einigkeit herrscht und der Streit sich gerade auch auf die Sicherungswirkungen des Pfändungspfandrechts bezieht. Im folgenden muß also die oben festgestellte Frage an Hand der einzelnen Pfändungspfandrechtstheorien geprüft werden. Im Grundsatz lassen sich heute zwei[45] Auffassungen von der Rechtsnatur des Pfändungspfandrechtes unterscheiden, die beide auf der seit Stein anerkannten Unterscheidung zwischen hoheitlicher Verstrickung und Pfändungspfandrecht aufbauen.

a) Die gemischt privat-öffentlich-rechtliche Theorie[46] vom Pfändungspfandrecht

Die Vertreter der gemischt privat-öffentlich-rechtlichen Theorie[47] trennen die öffentlich-rechtliche Verstrickung vom privatrechtlichen Pfändungspfandrecht. Während nach dieser Theorie für die Existenz der Verstrickung lediglich eine wirksame Beschlagnahme erforderlich ist, hängt das Entstehen des Pfändungspfandrechtes zusätzlich noch vom Bestand der materiell-rechtlichen Forderung des Gläubigers ab. Das Pfändungspfandrecht ist nämlich nach dieser Theorie als dritte Art des privatrechtlichen Pfandrechtes anzusehen, auf das die §§ 1204 ff. BGB nur dann keine Anwendung finden, wenn der ZPO etwas Gegenteiliges zu entnehmen ist. Aus der Anwendung der §§ 1204 ff. BGB auf das Pfändungspfandrecht folgt die Anerkennung der dem Vertragspfand eigentümlichen Akzessorietät, d. h. der Abhängigkeit des Pfändungspfandrechtes vom Bestand der Forderung. Nach der gemischt privat-öffentlich-rechtlichen Theorie entsteht also trotz des Bestehens des Vollstreckungsanspruches aufgrund der Titulierung der angeblichen

---

[45] Abgesehen von einer Reihe von vermittelnden Meinungen, auf die hier nicht näher eingegangen werden kann, da sonst der Rahmen dieser Arbeit gesprengt werden würde. Siehe als Vertreter solcher Mittelmeinungen: *Rosenberg*, § 190 II b; *Stein / Jonas / Münzberg*, § 804, der auf die Ansicht *Rudolphs*, Jh.Jb. 20, 311 ff. zurückkommt; *A. Blomeyer*, Festschr. für von Lübtow, S. 803 ff.

[46] Diese Bezeichnung stammt von *Lüke*, Diss., S. 5.

[47] *Arndt*, MDR 61, 368 ff. (370 f.); *Baumann*, § 5 II 4 a δ; *Baur*, § 55 D II; *K. Blomeyer*, § 14 VIII, IX; *Foerster / Kann*, § 804 Anm. 3 a; *Gaul*, Rpfleger 71, 1 ff. (6); *Gerhardt*, Vollstreckungsrecht, S. 92 ff.; *Hellwig / Oertmann*, System II, S. 313 ff.; *Henckel*, S. 328 ff.; *Huber*, S. 80 ff.; *Jestaedt*, S. 11 ff.; *Kuchinke*, JZ 58, 198 ff. (202); *Lindacher*, JZ 70, 360 ff.; *Palandt / Hoche*, Überblick 4 d vor § 1204 BGB; *Reinicke*, MDR 59, 613 ff. (615); *Rosenberg*, bis zur 7. Aufl. § 190 II 2 b; *Säcker*, JZ 71, 156 ff. (162); *Schönke / Baur*, § 25 II, S. 116; *Schwinge*, S. 87 ff. (108); *Seuffert / Walsmann* vor § 804 Anm. 2; *Westermann*, § 126 II 1, S. 634; *Wieczorek*, § 803 Anm. E II b, § 804 Anm. B I b.

Forderung dann kein Pfändungspfandrecht, wenn die Forderung materiell-rechtlich nicht existiert. Aus der Wesensgleichheit des Pfändungspfandrechtes mit dem Vertragspfand folgt sodann auch die Sicherungsfunktion des Pfändungspfandrechtes[48]. Diese soll nicht nur Nebenzweck des Pfändungspfandrechtes sein, sondern für die Zeit bis zur Verwertung der Pfandsache sogar seine Hauptaufgabe. Es ist — wie Stein ausführt — „gerade die Sicherung für die kritische Zeit einer der Hauptzwecke der Einführung des Pfandrechtes gewesen"[49]. Diese Ansicht entspricht auch den Ausführungen in den Materialien zur CPO[50].

Wenn nun das Pfändungspfandrecht Sicherungsfunktion hat, muß weiter geprüft werden, ob diese Sicherungsfunktion des Pfändungspfandrechtes nach der gemischt privat-öffentlich-rechtlichen Theorie geeignet ist, die Durchsetzung des Vollstreckungsanspruches zu schützen. Nur in diesem Fall würde das Pfändungspfandrecht eine Sicherung durch ein Verfügungsverbot ersetzen können. Das Pfändungspfandrecht ist nach dieser Theorie vom Bestand des vollstreckbaren, d. h. materiellen, Anspruches abhängig. Bezugspunkt all seiner Funktionen kann daher auch nur die materielle Forderung sein, d. h. der vollstreckbare Anspruch und nicht der Vollstreckungsanspruch. Es kann also abschließend festgestellt werden, daß das Pfändungspfandrecht nach der Auffassung der Vertreter der gemischt privat-öffentlich-rechtlichen Theorie zwar Sicherungsfunktion hat, daß sich aber diese Wirkungen nicht auf den Beschlagnahmezweck, d. h. die Sicherung der Erfüllung des Vollstreckungsanspruches, erstrecken. Nach dieser Theorie wird daher die Annahme eines Verfügungsverbotes zur Erreichung des Beschlagnahmezweckes in der Zwangsvollstreckung nicht überflüssig gemacht. Pfändungspfandrecht und Verfügungsverbot existieren nebeneinander, und ihre Sicherungswirkungen dienen verschiedenen Zwecken.

Hierbei darf jedoch nicht übersehen werden, daß sich trotz der Verschiedenheit der Sicherungszwecke die Auswirkungen von Pfändungspfandrecht — nach Auffassung der gemischt privat-öffentlich-rechtlichen Theorie — und Verfügungsverbot häufig decken. Diese zunächst ins Auge springende Übereinstimmung der Sicherungswirkungen hat denn auch Huber veranlaßt[51], die Notwendigkeit eines Verfügungsverbotes ganz zu leugnen. Er geht dabei allerdings von der hier widerlegten These aus, daß Pfändungspfandrecht und Verfügungsverbot demselben Zwecke dienen[52]. Gerade aus der Erkenntnis der

---

[48] Die Hauptaufgabe des Vertragspfandes besteht in der Sicherung der Forderung.

[49] *Stein*, Grundfragen, S. 30; in diesem Sinne auch *Schwinge*, S. 86.

[50] *Hahn*, Materialien zur CPO, S. 448 ff.

[51] *Huber*, S. 54.

verschiedenen Sicherungszwecke von Pfändungspfandrecht und Verfügungsverbot in der Zwangsvollstreckung folgt aber bei genauer Betrachtung, daß sich die Wirkungen dieser beiden Rechtsinstitute doch nicht in jedem Falle decken.

Da das Verfügungsverbot sich nicht am materiellen Recht des Gläubigers orientiert, sondern lediglich die Existenz des Titels und die Konkretisierung des Vollstreckungsanspruches voraussetzt, ist sein Entstehen an geringere Voraussetzungen geknüpft als — nach Auffassung der Vertreter der gemischt privat-öffentlich-rechtlichen Theorie — das Entstehen des Pfändungspfandrechtes. Das Verfügungsverbot entsteht nämlich auch dann, wenn die Pfändung aufgrund des bloßen Vollstreckungsanspruches durchgeführt wird, der vollstreckbare Anspruch aber nicht gegeben ist[53, 54].

Soweit es sich also um den Schutz vor vollstreckungsvereitelnden Verfügungen handelt, deckt sich die Sicherungswirkung des Verfügungsverbotes nicht bloß mit der des Pfändungspfandrechtes, sondern reicht vielmehr noch weiter, weil seine Sicherungswirkungen — wie oben ausgeführt — zum Teil bereits dann eintreten, wenn ein Pfändungspfandrecht wegen Fehlens der materiellen Voraussetzungen gar nicht entsteht. Damit ist das — gesetzlich vorgeschriebene — Pfändungspfandrecht aber nach heutiger Rechtsauffassung nicht überflüssig. Die Sicherungswirkungen beschränken sich nämlich nicht — wie die des Verfügungsverbotes — auf den Schutz vor vollstreckungsvereitelnden Verfügungen. Das Pfändungspfandrecht hat im Gegensatz zum Verfügungsverbot auch rangwahrende Funktion. Das ist in § 804 für die ZPO gesetzlich geregelt und folgt für die gemischt privat-öffentlich-rechtliche Theorie zudem aus der Rechtsnatur des Pfändungspfandrechtes als dritte Art des privatrechtlichen Pfandrechtes. Außerdem berechtigt das Pfändungspfandrecht nach § 49 KO zur abgesonderten Befriedigung des Gläubigers. Diese Wirkung ist für das Verfügungsverbot durch § 13 KO ausdrücklich ausgeschlossen[55].

---

[52] *Huber*, S. 54, wenn er den Beschlagnahmezweck als Realisierung der titulierten (materiell-rechtlich existenten) Forderung definiert. Die Hinzufügung der Worte „materiell-rechtlich existenten" ist wegen des besseren Verständnisses von *Hubers* Aussage notwendig. Er kann nur solche Forderungen meinen, denn sonst könnte das, wie er behauptet, privat-rechtliche Pfandrecht nicht diese Forderung schützen.

[53] Auf diesen Unterschied hat *Gaul*, FamRZ 72, 533 ff. (534) zu Anm. 14 hingewiesen; siehe auch *Henckel*, S. 318, allerdings ohne nähere Begründung; and. Ans., allerdings ebenfalls ohne nähere Begründung, *A. Blomeyer*, Festschrift für von Lübtow, S. 803 ff. (812).

[54] Die Konsequenzen, die sich aus diesem Unterschied ergeben, werden Gegenstand der Untersuchungen im 3. Teil dieser Arbeit sein.

[55] Darum war es auch erforderlich, im Zwangsversteigerungsgesetz, das kein Pfändungspfandrecht kennt, eine besondere Vorschrift einzuführen, nach der die Reihenfolge der Befriedigung festgelegt wird, siehe § 10 I

Es hat sich also gezeigt, daß nach der gemischt privat-öffentlich-rechtlichen Theorie das Pfändungspfandrecht zwar Sicherungsfunktionen hat, diese Sicherungsfunktionen sich aber nicht auf den Beschlagnahmezweck, also die Vorbereitung zur Erfüllung des Vollstreckungsanspruches, beziehen, sondern ausschließlich auf den vollstreckbaren, d. h. materiellen, Anspruch. Damit steht aber weiter fest, daß nach der gemischt privat-öffentlich-rechtlichen Theorie die Sicherungsfunktion des Pfändungspfandrechtes nicht die Annahme eines Verfügungsverbotes in der Zwangsvollstreckung ausschließt, da der Beschlagnamezweck — wie festgestellt — einer rechtlichen Sicherung bedarf, diese jedoch nicht durch das Pfändungspfandrecht erreicht wird. Pfändungspfandrecht und Verfügungsverbot haben, legt man die gemischt privat-öffentlich-rechtliche Theorie zugrunde, einander ergänzende, notwendige Wirkungen.

Für die Vertreter der gemischt privat-öffentlich-rechtlichen Theorie hat also die Beschlagnahme in der Zwangsvollstreckung ein Verfügungsverbot zur Folge, welches ergänzend zu den Schutzwirkungen des Pfändungspfandrechtes den Gläubiger vor vollstreckungsvereitelnden Verfügungen des Schuldners sichert.

b) Die öffentlich-rechtliche Theorie[56]

Bevor jedoch eine allgemeine Aussage in bezug auf das Verfügungsverbot als Beschlagnahmefolge in der Zwangsvollstreckung gemacht werden kann, muß noch geprüft werden, ob sich nach der öffentlich-rechtlichen Theorie in diesem Zusammenhang nicht etwas anderes ergibt als nach der gemischt privat-öffentlich-rechtlichen Theorie. Es muß also untersucht werden, ob dem Pfändungspfandrecht auch nach dieser Theorie Sicherungswirkungen zukommen und wenn ja, ob sie sich auf den oben[57] festgestellten Beschlagnahmezweck beziehen.

Die öffentlich-rechtliche Theorie unterscheidet ebenso wie die gemischt privat-öffentlich-rechtliche Theorie zwischen Verstrickung und Pfandrechtsbegründung. Im Gegensatz zu der gemischt privat-öffentlich-rechtlichen Theorie sieht sie das Pfändungspfandrecht jedoch als rein öffentlich-rechtliches Recht an, das sich vom bürgerlich-rechtlichen

---

Nr. 5 i. V. m. § 11 II ZVG. Außerdem sieht § 13 2. Halbsatz KO eine Ausnahme für die Wirkung des Verfügungsverbotes im Konkurs für das mit der Eintragung des Beschlagnahmevermerks im Grundbuch nach § 23 ZVG entstandene Verfügungsverbot vor.

[56] *Amend*, S. 23 ff.; *Baumbach / Lauterbach / Albers / Hartmann*, Anm. 3 vor § 803; *Berner*, DGVZ 61, 17 ff.; *Böhm*, S. 89 ff.; *Erman / Ronke*, Einl. vor § 1204 Rn. 17; *P. Geib*, S. 8; *Lüke*, NJW 54, 1969 ff.; *Lüke*, AcP 154, 533 ff.; *Lüke*, JZ 55, 484 ff.; *Lüke*, JZ 59, 114 ff.; *Lüke*, ZZP 67, 356 ff.; *Münzberg*, ZZP 78, 287 ff.; *Messer*, S. 115 Fn. 44; *Schiedermair*, AcP 159, 90 f.; *Schwab*, ZZP 73, 477 ff. (479); *Staudinger / Spreng*, § 1204 Anm. 19 a; *Stöber*, Rpfleger 62, 9 ff.

[57] Siehe oben § 9 IV 2 b bb bei Fn. 37.

Pfandrecht wesensmäßig unterscheidet. Das Pfändungspfandrecht ist nach der öffentlich-rechtlichen Theorie mit der Verstrickung unlösbar verknüpft und setzt daher das Bestehen des vollstreckbaren, also des materiell-rechtlichen, Anspruches nicht voraus. Es kann also auch an Sachen Dritter und an dem Gläubiger selbst gehörenden Sachen begründet werden. Es ergibt sich nun die Frage, ob das Pfändungspfandrecht in der Form, wie es die Vertreter der öffentlich-rechtlichen Theorie annehmen, geeignet ist, die Vorbereitung der Erfüllung des durch die Pfändung konkretisierten Vollstreckungsanspruches zu sichern. Bei oberflächlicher Betrachtung der Ausführungen der Vertreter dieser Theorie zu diesem Punkt scheint es so, als sei dies selbstverständlich zu verneinen. Denn ihrer Auffassung nach ist das Pfändungspfandrecht kein akzessorisches Recht[58]. Es hat — soweit es um den Schutz vor vollstreckungsvereitelnden Verfügungen geht[59] — auch keine Sicherungsfunktion[60].

Betrachtet man aber die Argumente, mit denen die Sicherungsfunktion des Pfändungspfandrechtes in erster Linie abgelehnt wird, so ergeben sich doch Zweifel an der Richtigkeit dieser Annahme. Begründet wird diese Annahme nämlich mit der — als selbstverständlich unterstellten — Sicherungswirkung der Verstrickung, also mit dem mit der Verstrickung angeblich verbundenen Verfügungsverbot[61]. Solange die Verstrickung eine solche Wirkung zur Folge habe, könne dem Pfändungspfandrecht diese Aufgabe nicht mehr zufallen. *Martin* geht sogar so weit, dies als eines der Hauptargumente gegen die gemischt privat-öffentlich-rechtliche Theorie zu bezeichnen[62]. Wenn man Martin auch zugestehen muß, daß er nach dem Stand der damaligen

---

[58] Jedenfalls nicht in dem Sinne akzessorisch, daß es von der materiellen Forderung abhängig wäre. Ob es dagegen vom Vollstreckungsanspruch abhängig ist, haben in neuerer Zeit nur *Huber*, S. 81 f. und *Martin*, S. 99 Fn. 12 untersucht.

[59] Daß es sich bei der Rangfunktion des Pfändungspfandrechtes und seiner Wirkung im Konkurs um Sicherungswirkungen handelt, kann selbst von der öffentlich-rechtlichen Theorie nicht bestritten werden. Aber selbst mit der Aussage, das Pfändungspfandrecht habe lediglich insofern keine Sicherungswirkung, als es den Schutz vor vollstreckungsvereitelnden Verfügungen betreffe, steht in Widerspruch, daß diese Lehre § 936 BGB auf das Pfändungspfandrecht anwendet.

[60] So ausdrücklich *Martin*, S. 108 ff. (109); *Amend*, S. 14, 23 ff.; *Demelius*, S. 48 ff.; *Emmerich*, S. 255, 257; *O. Geib*, Rechtsschutzbegehren, S. 85. Andere wollen wenigstens noch in der gesetzlich vorgeschriebenen Rangwirkung des Pfändungspfandrechtes, die auch im Konkurs ihre Geltung behält, eine, wenn auch geringe, hinter dem Befriedigungszweck des Pfändungspfandrechtes an Bedeutung zurücktretende Sicherungswirkung sehen: so z. B. *Baumbach / Lauterbach / Albers / Hartmann*, Anm. 3 vor § 803; *Weidmann*, S. 14; *Lüke*, NJW 54, 1669 ff. und JZ 55, S. 484 ff. (485); *Jestaedt*, S. 68; *Bunsen*, ArchBürR 29, 11 ff. (28); *Siber*, S. 158.

[61] *Martin*, S. 109 f.

[62] *Martin*, S. 110.

Lehre mit der ganz einhelligen Meinung davon ausgehen durfte, daß die Beschlagnahme begriffsnotwendig ein Verfügungsverbot zur Folge habe, so kann dies Argument jetzt keine Gültigkeit mehr haben. Die Untersuchungen über die Beschlagnahme haben ergeben, daß diese nicht begriffsnotwendig eine rechtliche Sicherung zur Folge hat und daß, wenn sie es im Einzelfall, wie z. B. dem der Pfändung, doch hat, diese Sicherung nicht zwangsläufig in einem Verfügungsverbot besteht. Vor einer gesetzlich vorgeschriebenen Sicherung müßte das Verfügungsverbot weichen. Die Fragestellung ist also gerade umgekehrt, als Martin sie sieht: Man kann nicht ausgehend von den Wirkungen eines bloß angenommenen Verfügungsverbotes die Wirkungen des gesetzlich vorgeschriebenen Pfändungspfandrechtes beurteilen. Man muß stattdessen, um festzustellen, ob es hier überhaupt ein Verfügungsverbot gibt, erst die Wirkungen des Pfändungspfandrechtes analysieren. Nur dann, wenn dem Pfändungspfandrecht keine gesetzlich vorgeschriebene Sicherungsfunktion in bezug auf den Beschlagnahmezweck zukommt, kann nach dieser Theorie ein Verfügungsverbot als Beschlagnahmefolge in der Zwangsvollstreckung angenommen werden.

Bei der weiteren Untersuchung, ob dem Pfändungspfandrecht nach der öffentlich-rechtlichen Theorie gesetzlich vorgeschriebene Sicherungswirkung in bezug auf den Vollstreckungsanspruch zukommt, ist daher ein mögliches Verfügungsverbot außer acht zu lassen. Dies erschwert aber die Untersuchung insofern, als zumindest die heutigen Vertreter der öffentlich-rechtlichen Theorie das Problem der Sicherungsfunktion des Pfändungspfandrechtes zumeist unter dem Blickwinkel der von ihnen unterstellten rechtlichen Sicherungswirkung der Verstrickung in Form eines Verfügungsverbotes behandeln[63]. Bei der Prüfung der Frage, ob dem Pfändungspfandrecht nach öffentlich-rechtlichem Verständnis Sicherungsfunktion zukommen kann, ist die Entwicklung innerhalb dieser Theorie zu berücksichtigen. Während von der Mehrheit der Vertreter dieser Theorie[64] das Pfändungspfandrecht auch heute noch als ein — wenn auch publizistisches — dingliches Recht des Gläubigers an der Pfandsache verstanden wird, will neuerdings eine Gruppe unter ihnen[65] das Pfändungspfandrecht lediglich als ein formelles Recht oder nur als einen „prozessualen Tatbestand"[66] verstanden wissen.

---

[63] So insbesondere *Martin*, S. 109 f.

[64] *Baumbach / Lauterbach / Albers / Hartmann*, Anm. 3 vor § 803; *Stein / Jonas / Münzberg*, Anm. II 1 zu § 804; *Münzberg*, ZZP 78, 287 ff. (299 ff.); *Amend*, S. 36.

[65] *Lüke*, JZ 55, 484 ff.; *P. Geib*, S. 150; *Martin*, S. 129.

[66] *Martin*, S. 129 Fn. 127.

aa) Die öffentlich-rechtliche Theorie nach
herkömmlichem Verständnis

Wenn auch alle Vertreter der öffentlich-rechtlichen Theorie das Pfändungspfandrecht als ein vom Vertragspfand wesensmäßig verschiedenes Recht ansehen, so ist doch für diejenigen, die das Pfändungspfandrecht als dingliches Recht an der Pfandsache betrachten, noch ein Bezug oder eine „Verwandtschaft" zum privatrechtlichen Pfandrecht da. Von den Vertretern dieser Theorie werden nämlich einzelne Normen, die das zivilrechtliche Pfandrecht regeln, als „Richtlinie" für die Regelung des Pfändungspfandrechtes herangezogen[67]. Aus dieser, wenn auch entfernten, Verwandtschaft des Pfändungspfandrechtes mit dem Faustpfand des BGB könnte man folgern, daß, wenn das Pfändungspfandrecht schon keine Beziehung mehr zum materiellen, also vollstreckbaren Anspruch hat, es aber doch dem Faustpfand entsprechende Funktionen in bezug auf den öffentlich-rechtlichen Vollstreckungsanspruch ausübt. Dann könnte man die Vorschriften der §§ 1204 ff. BGB schon allein deshalb analog anwenden, weil lediglich an die Stelle der materiellen Forderung der Vollstreckungsanspruch getreten ist. Dann wäre allerdings das Pfändungspfandrecht vom Bestand des Vollstreckungsanspruches abhängig und würde gleichzeitig die Durchsetzung dieses Vollstreckungsanspruches sichern. Diese Deutung des Pfändungspfandrechtes würde die Annahme eines Verfügungsverbotes als Beschlagnahmefolge in der Zwangsvollstreckung überflüssig machen, da dem Verfügungsverbot neben einem so ausgelegten Pfändungspfandrecht keine selbständige Funktion mehr zukäme.

Die Entscheidung, ob das Pfändungspfandrecht, wie es die herkömmliche öffentlich-rechtliche Theorie versteht, die Annahme eines Verfügungsverbotes überflüssig macht, hängt also davon ab, ob das Pfändungspfandrecht nach dieser Theorie aufgrund einer analogen Anwendung der §§ 1204 ff. BGB statt des vollstreckbaren den Vollstreckungsanspruch sichert. Um festzustellen, ob das Pfändungspfandrecht den Vollstreckungsanspruch sichern kann, muß geprüft werden, ob sich die anderen Funktionen, die das Pfändungspfandrecht nach dem Verständnis dieser Theorie hat, auf den Vollstreckungsanspruch beziehen. Denn — wie wir gesehen haben[68] — haben die Vertreter dieser Theorie die Frage nach der Sicherungsfunktion unter einem falschen Aspekt beurteilt, so daß ihre Aussagen in diesem Punkt keinen unmittelbaren Wert für die hier vorliegende Fragestellung haben. Sollte sich allerdings ergeben, daß die anderen Funktionen des Pfändungspfandrechtes sich auf den Vollstreckungsanspruch beziehen, so wäre

---

[67] *Werner*, JR 71, 278; *Erman / Ronke*, Einl. vor § 1204, Rn. 17.
[68] Siehe oben § 9 IV 3 b bei Fn. 63.

es nur konsequent, wenn man auch die Sicherungsfunktion auf den Vollstreckungsanspruch beziehen würde. Als eine solche andere Funktion käme die mögliche Akzessorietät des Pfändungspfandrechtes in Betracht. Würde nämlich nach dieser Theorie das Pfändungspfandrecht sich auf den Vollstreckungsanspruch beziehen, so müßte es auch vom Bestand des Vollstreckungsanspruches akzessorisch sein. Damit wäre aber gleichzeitig gesagt, daß das Pfändungspfandrecht die Durchsetzung des Vollstreckungsanspruches sichert, da ein akzessorisches Recht immer Sicherungsfunktion in bezug auf die Forderung hat, von der es abhängig ist[69].

Von den „Vätern" der öffentlich-rechtlichen Theorie ist denn auch angenommen worden, daß das Pfändungspfandrecht vom Bestand des Vollstreckungsanspruches abhängig ist[70]. Allerdings ging diese Theorie noch von der Zusammengehörigkeit von Pfändung und Pfandrechtsbegründung aus. Die heutige öffentlich-rechtliche Theorie verknüpft das Pfändungspfandrecht aber nicht mit der Pfändung, sondern mit der durch die ordnungsgemäße Pfändung entstandenen Verstrickung[71]. Nur das Bestehen der Verstrickung und nicht das Bestehen des Vollstreckungsanspruches ist hiernach Voraussetzung für das Entstehen des Pfändungspfandrechtes. Zwar ist zuzugeben, daß die Durchführung der Pfändung und der dadurch entstandene Verstrickungszustand letztendlich auf dem Vollstreckungsanspruch beruhen, da der Titel notwendiges Erfordernis der Beschlagnahme, d. h. der Pfändung, ist. Ist die Pfändung aber einmal durchgeführt, so bestehen Verstrickung und Pfändungspfandrecht auch nach dem Wegfall des Titels und damit nach dem Wegfall des Vollstreckungsanspruches fort[72]. Verstrickung und Pfändungspfandrecht entfallen erst durch die Freigabe nach § 776 ZPO

---

[69] Es gibt zwar nichtakzessorische Sicherungsrechte, wie z. B. die Grundschuld, aber keine nichtsichernden akzessorischen Rechte. *Huber*, S. 81 Fn. 17, bezeichnet es als wesensbestimmend und typisch, daß beim Pfändungspfandrecht Akzessorietät und Sicherungsfunktion zusammentreffen.

[70] *Bunsen*, ArchBürR 29, 11 ff. (30); *Demelius*, S. 31 ff.; *Goldschmidt*, Ungerechtfertigter Vollstreckungsbetrieb, S. 39, 79; *Emmerich*, S. 254 ff. (257); *O. Geib*, Rechtsschutzbegehren, S. 85; *Hassenpflug*, GruchBeitr 32, 81 ff.; *Krämer*, ZZP 46, 146 ff; *Kohler*, AcP 80, 141 ff. (157); *R. Schmidt*, S. 934; *Siber*, S. 156 f.; *Weigelin*, S. 8 f.; *Weismann*, § 147 II 4; *Staub*, JW 1888, 201 ff. Hierbei soll nicht untersucht werden, inwieweit die oben genannten Verfasser bereits zur öffentlich-rechtlichen Theorie oder noch zur sogenannten abstrakt-privatrechtlichen Theorie zu zählen sind (z. B. streitig für *Emmerich*, siehe *Jestaedt*, S. 8 Fn. 16). Gemeinsam mit der öffentlich-rechtlichen Theorie vertreten sie die Loslösung des Pfändungspfandrechtes von der materiellen Forderung. Im Gegensatz zu den heute vertretenen Theorien unterscheiden sie allerdings nicht zwischen Pfändung und Pfandrechtsbegründung.

[71] Ausnahmslos alle Vertreter der öffentlich-rechtlichen Theorie, siehe § 9 IV 3 b in Fn. 56.

[72] Dieser Fall kann z. B. eintreten bei der Vollstreckung aufgrund lediglich vorläufig für vollstreckbar erklärter Titel.

durch den Gerichtsvollzieher[73]. Das Pfändungspfandrecht ist daher auch nach dieser Theorie nicht vom Vollstreckungsanspruch abhängig. Zwar ist Martin[74] zuzugestehen, daß es seine Kraft letzten Endes vom Titel erhält; das begründet aber noch keine Akzessorietät im technischen Sinne[75]. Bei dem Pfändungspfandrecht nach Ansicht der Vertreter der öffentlich-rechtlichen Theorie, die das Pfändungspfandrecht noch als „dingliches" Recht an der Pfandsache betrachten, handelt es sich also um ein in keiner Weise akzessorisches Recht. Wenn das Pfändungspfandrecht aber nicht vom Vollstreckungsanspruch abhängig ist, so steht fest, daß nach dieser Ansicht die §§ 1204 ff. BGB jedenfalls nicht in *der* Form analog anzuwenden sind, daß der Vollstreckungsanspruch lediglich an die Stelle des in §§ 1204 ff. BGB berücksichtigten materiellen Anspruchs tritt. Für die Frage, ob das Pfändungspfandrecht nach diesem Verständnis der öffentlich-rechtlichen Theorie die Annahme eines Verfügungsverbotes überflüssig macht, ergibt sich also folgendes: Nur eine gesetzlich bestimmte Sicherungsfunktion in bezug auf den Vollstreckungsanspruch hätte Vorrang vor dem durch Auslegung gewonnenen Verfügungsverbot. Eine gesetzlich vorgeschriebene Sicherungswirkung hätte man dem Pfändungspfandrecht nach dieser Lehrmeinung dann noch zuschreiben können, wenn sich ergeben hätte, daß es vom Bestand des Vollstreckungsanspruchs abhängig wäre. Dann hätte man nämlich die §§ 1204 ff. BGB analog[76] auf dieses Pfandrecht anwenden können. Da das Pfändungspfandrecht nach dieser Lehrmeinung aber ein in jeder Hinsicht nichtakzessorisches Recht ist, können die §§ 1204 ff. BGB nicht — auch nicht entsprechend — angewandt werden, so daß die Annahme eines Verfügungsverbotes neben dem Pfändungspfandrecht nicht wegen einer analogen Anwendung der §§ 1204 ff. BGB auf den Vollstreckungsanspruch überflüssig wird.

Für die Frage, ob dem Pfändungspfandrecht gesetzlich vorgeschriebene Sicherungsfunktion in bezug auf den Schutz vor vollstreckungsvereitelnden Verfügungen zukommt, können also nur die §§ 804 ff. ZPO herangezogen werden. Dort ist aber nur die Rangfunktion des Pfändungspfandrechtes gesetzlich geregelt. Man kann daher, folgt man der öffentlich-rechtlichen Theorie, sagen, daß dem Pfändungspfandrecht keine Sicherungsfunktion in dem hier interessierenden Punkt zukommt. Dem entspricht auch, daß die Vertreter dieser Theorie die

---

[73] §§ 775 I, 776 ZPO; *Baumbach / Lauterbach / Albers / Hartmann,* § 803 Anm. 2 B, C.

[74] *Martin,* S. 123.

[75] *Huber,* S. 82 Fn. 18.

[76] Analog, weil die Forderung, auf die sich das Pfändungspfandrecht in diesem Fall beziehen würde, nicht die materielle Forderung, sondern der Vollstreckungsanspruch sein würde.

Aufgaben des Pfändungspfandrechtes in der Befriedigungs- und nicht in der Sicherungsdeckung sehen[77].

Es hat sich also gezeigt, daß auch nach der herkömmlichen öffentlich-rechtlichen Theorie die Durchsetzung des Beschlagnahmezweckes nicht durch das Pfändungspfandrecht geschützt wird. Da aber, wie die bisherigen Untersuchungen ergeben haben[78], die Durchsetzung des Beschlagnahmezweckes sicherungsbedürftig ist, muß auch nach dieser Theorie die Beschlagnahme ein Verfügungsverbot zur Folge haben, um diese notwendige Sicherung zu erreichen.

bb) Die öffentlich-rechtliche Theorie nach der Ansicht
   von *Lüke, Amend, Martin* und *P. Geib*

Wenn nun schon nach dieser Auffassung, die das Pfändungspfandrecht immerhin noch als Recht an der Pfandsache ansieht, dem Pfändungspfandrecht keine — weder gesetzlich vorgeschrieben, noch durch Auslegung gewonnene — Sicherungswirkung zukommt, muß dies erst recht für die Ansicht *Lükes, Amends, Martins* und *P. Geibs*[79] zutreffen, die das Pfändungspfandrecht nicht mehr als Recht an der Pfandsache, sondern höchstens noch als Recht auf die Verwertung der Pfandsache ansehen. So bezeichnet insbesondere *Lüke*[80] das Pfändungspfandrecht als „mittelbares Verwertungsrecht" des Gläubigers gegen den Schuldner[81]. Wenn aber, wie Lüke es selbst formuliert, dieses mittelbare Verwertungsrecht sich in einem Anspruch erschöpft, „der sich gegen den Staat richtet und kraft dessen der Gläubiger verlangen kann, daß der Staat mit Hilfe seines Vollstreckungsorganes die vom Gläubiger gewünschten Verwertungsmaßnahmen durchführt"[82], so handelt es sich bei diesem mittelbaren Verwertungsrecht um nichts anderes als um den durch den Zugriff des Gerichtsvollziehers konkretisierten Vollstreckungsanspruch[83]. Daß dem Vollstreckungsanspruch selbst keine Sicherungswirkung zukommt, sondern daß er im Gegen-

---

[77] So ausdrücklich *Demelius*, S. 58 ff.

[78] Siehe oben § 9 IV 2 c bb bei Fn. 44.

[79] *Lüke*, JZ 55, 484 ff.; *Amend*, S. 23 ff.; *Martin*, S. 108 ff.; *P. Geib*, S. 146.

[80] *Lüke*, JZ 55, 484 ff.

[81] „Mittelbar" nennt er es, weil der Gläubiger das Recht nur durch das Vollstreckungsorgan ausüben kann.

[82] *Lüke*, JZ 55, 484 ff. (486).

[83] *Martin*, S. 121; *Henckel*, S. 323; *P. Geib*, S. 100; *Jestaedt*, S. 193; *Gaul*, Rpfleger 71, 1 ff. (4 Fn. 40) haben dies als Konsequenz der Ansicht von *Lüke* erkannt. *P. Geib*, S. 150, bezeichnet das Pfändungspfandrecht im Anschluß an *Lüke* sogar ausdrücklich als „konkreten Ausfluß des Vollstreckungsanspruches des Gläubigers". *A. Blomeyer*, Festschrift für von Lübtow, S. 803 ff. (820) sieht den konkretisierten Vollstreckungsanspruch als „prozessuale Seite" des Pfändungspfandrechtes an.

teil dann, wenn er bereits durch den Zugriff des Gerichtsvollziehers konkretisiert wurde, sicherungsbedürftig ist, wurde bereits ausgeführt. Dann muß aber diese erforderliche Sicherungswirkung durch ein Verfügungsverbot übernommen werden. Auch nach der Ansicht Lükes, der sich P. Geib[84] und Amend[85] angeschlossen haben, muß daher die Beschlagnahme in der Zwangsvollstreckung ein Verfügungsverbot zur Folge haben, um die erforderliche rechtliche Sicherung des Gläubigers zu erreichen[86]. Martin, der sich ausdrücklich von Lükes Konstruktion des mittelbaren Verwertungsrechtes des Gläubigers distanziert, sieht die Rechtsnatur des Pfändungspfandrechtes noch weiter eingeschränkt. Das Pfändungspfandrecht ist für ihn weder ein publizistisches Recht an der Pfandsache[87] noch ein publizistisches Recht auf Verwertung[88] für den Gläubiger, sondern im Hinblick auf den Gläubiger lediglich ein „Reflexrecht"[89] und nur im Hinblick auf den Staat ein Recht auf Verwertung. Daß einem solchen Pfändungspfandrecht selbst keine Sicherungsfunktion in bezug auf die Vorbereitung der Erfüllung des Vollstreckungsanspruches zukommt, liegt auf der Hand. Die erforderliche Sicherung muß daher auch nach dieser Lehre von einem Verfügungsverbot übernommen werden.

Abschließend kann festgestellt werden, daß die hier entwickelte Konstruktion vom Verfügungsverbot als Schutz der Vorbereitung der Erfüllung des bereits konkretisierten Vollstreckungsanspruches mit allen Pfändungspfandrechtstheorien in Einklang steht. Dem Pfändungspfandrecht kommt nach keiner dieser Theorien gesetzlich vorgeschriebene Sicherungswirkung bezüglich des Vollstreckungsanspruches zu, obwohl ein Schutz dieses Anspruches erforderlich ist. Der Unterschied zwischen den einzelnen Pfändungspfandrechtstheorien besteht mit Bezug auf diesen Fragenkomplex lediglich darin, daß die gemischt privat-

---

[84] *P. Geib*, S. 50.

[85] *Amend*, S. 26.

[86] Die Folge dieser Ansicht ist, daß das Verfügungsverbot das Pfändungspfandrecht sichert; eine zwar seltsam anmutende, aber auf dem Boden dieser Theorie logische Konsequenz; so wohl auch *Flume*, § 17 6 c. Dies ist jedenfalls konsequenter, als die Sicherungsfunktion des Pfändungspfandrechtes zu leugnen, aber dennoch § 936 BGB anzuwenden; oder gar, wie *Lüke*, JZ 55, 484 ff. und *Martin*, S. 274 es tun, das Pfändungspfandrecht selbst beim gutgläubigen Erwerb für beständig zu erklären und — so allerdings allein *Martin*, S. 275 Fn. 22 — dem Dritten sogar die Drittwiderspruchsklage zu verweigern. Eine stärkere Sicherungswirkung ist eigentlich kaum denkbar. Mit dieser Ansicht rückt Martin in die Nähe der Lehre von der „Vollstreckungskraft", die *Böhm* entwickelt hat (*Böhm*, S. 88; dagegen jetzt *Gaul*, AcP 173, 323 ff.). Warum *Martin* es für gerechtfertigt hält, daß dem ursprünglichen Dritteigentümer die Drittwiderspruchsklage zusteht und dem nachträglichen Dritteigentümer nicht, ist nicht einzusehen.

[87] So sieht es z. B. *Münzberg*, ZZP 78, 287 ff. (299 ff.).

[88] *Lüke*, JZ 55, 484 ff.

[89] *Martin*, S. 128.

öffentlich-rechtliche Theorie im Gegensatz zur öffentlich-rechtlichen Theorie einen Schutz auch des vollstreckbaren Anspruches kennt.

4. Das Verfügungsverbot als Sicherung der Erfüllung des konkretisierten Vollstreckungsanspruches

Das Verfügungsverbot als Sicherung der Erfüllung des bereits konkretisierten Vollstreckungsanspruches ist allerdings durch eine Besonderheit gekennzeichnet. Während das Verfügungsverbot im Regelfall eine rein privatrechtliche Beziehung betrifft und der Sicherung eines Rechtes dient, das der durch das Verbot Geschützte unmittelbar gegen den vom Verbot Betroffenen durchsetzen kann, ist es hier auf die in der Einschaltung des Staates zum Ausdruck kommenden Dreiecksbeziehung zwischen Gläubiger-Staat-Schuldner projiziert. Es erscheint mit dem zivilrechtlichen Denken schwer vereinbar, daß die Erfüllung eines Anspruches — hier des Vollstreckungsanspruches — durch ein Rechtsinstitut abgesichert wird, das sich nicht gegen den Schuldner des zu erfüllenden Anspruches, den Staat, richtet, sondern gegen eine dritte Person, nämlich den im Titel ausgewiesenen Schuldner des Gläubigers. Diese für das Zivilrecht ungewöhnliche[90] Konstruktion erklärt sich aus der Zielrichtung des Verfügungsverbotes und aus der Rechtsnatur des Vollstreckungsanspruches. Das Verfügungsverbot als Sicherung des bereits konkretisierten Vollstreckungsanspruches dient nämlich dazu, dem Gläubiger das Haftungsobjekt zu erhalten[91]. Diesem Zweck kann das Verfügungsverbot aber nur dann dienen, wenn es sich gegen den Schuldner richtet, da dieser bis zur Verwertung der gepfändeten Sache deren Eigentümer bleibt. Dem entspricht der Inhalt des Vollstreckungsanspruches. Er ist notwendig gerichtet auf einen Eingriff des Staates in die Rechte einer dritten Person, nämlich in die Rechte des Schuldners. Diese Eigentümlichkeit des Vollstreckungsanspruches hatte ja sogar dazu geführt, daß Wach[92] seine Wirkungen doppelspurig sieht. Seiner Ansicht nach ist der Vollstreckungsanspruch

---

[90] Diese Konstruktion ist zwar ungewöhnlich, aber es gibt in anderem Zusammenhang eine gesetzlich geregelte Parallele: Dabei handelt es sich um die Amtsvormerkung nach § 18 II GBO. Die Amtsvormerkung nach § 18 II GBO sichert nach allgemeiner Ansicht den öffentlich-rechtlichen Anspruch des Antragstellers gegen den Grundbuchbeamten (also den Staat) auf endgültige Erledigung des Antrages. RGZ 110, 203 ff. (207); *Horber*, § 18 Anm. 6 A; *Meikel / Imhof / Riedel*, § 18 Rn. 61 und die dort Genannten. Da die Erledigung des Antrages — bei der Vormerkung, nicht beim Widerspruch — notwendig die Rechte des Eigentümers des Grundstückes, also eines Dritten, tangiert, handelt es sich bei der Amtsvormerkung nach § 18 II GBO ebenfalls um eine auf ein Dreiecksverhältnis zwischen zwei Privatpersonen und dem Staat projizierte Sicherung.

[91] Vgl. *Flume*, § 17 6 d.

[92] *Wach*, Handbuch, S. 19.

zum einen gegen den Staat auf Durchführung und zum anderen gegen den Schuldner auf Duldung der Zwangsvollstreckung gerichtet. Bei diesem Verständnis des Vollstreckungsanspruches entstehen die oben aufgezeigten Bedenken gegen das Verfügungsverbot als Sicherung dieses Anspruches nicht. Da insoweit der Gläubiger ein unmittelbares Recht gegen den Schuldner auf Duldung hat, ist das Verfügungsverbot Ausfluß dieser unmittelbaren Rechtsbeziehung zwischen Gläubiger und Schuldner. Diese Duldungspflicht des Schuldners folgt aber bereits — wie an anderer Stelle aufgezeigt[93] — auf dem durch Gesetz bestimmten Unterwerfungsverhältnis, ohne daß es der Konstruktion von der Doppelspurigkeit des Vollstreckungsanspruches bedarf. Für das Verfügungsverbot als Sicherung des Vollstreckungsanspruches ergibt sich aus dieser Konstruktion nichts anderes. Zwar entsteht das Verfügungsverbot dann nicht in einem Rechtsverhältnis zwischen Gläubiger und Schuldner, sondern in der Dreiecksbeziehung Gläubiger-Staat-Schuldner. Wenn der Schuldner aber aufgrund des vom Gesetz vorgesehenen Unterwerfungsverhältnisses die Verwertung des betroffenen Gegenstandes für den Gläubiger dulden muß, um wievielmehr muß er Maßnahmen dulden, die lediglich gewährleisten, daß dieser Gegenstand für den Gläubiger bis zur Verwertung erhalten bleibt. Die Möglichkeit einer Sicherung im Dreiecksverhältnis ist also eine Folge der im Gesetz vorgesehenen Pflicht des Schuldners, Zwangsmaßnahmen des Staates zugunsten des Gläubigers zu dulden.

Zusammenfassung von Teil 2

Die Zwangsvollstreckung in Mobilien und Forderungen hat neben dem gesetzlich vorgeschriebenen Pfändungspfandrecht noch ein Verfügungsverbot nach den §§ 135, 136 BGB zur Folge. Die Anerkennung dieses Verfügungsverbotes beruht weder auf einer analogen Anwendung des § 136 I StGB, noch auf einer Heranziehung des § 132 Ziffer 5 i. V. m. § 1 III GVGA, sondern ist Ausfluß des seit Stein anerkannten Beschlagnahmecharakters der Zwangsvollstreckung.

Ein Verfügungsverbot gehört zwar nicht zu den begriffsnotwendigen Folgen der Beschlagnahme, sondern entsteht nur dann, wenn im Einzelfall die Durchsetzung des Beschlagnahmezweckes einer solchen Sicherung bedarf. Die Zwangsvollstreckung erfüllt aber alle Voraussetzungen, unter denen eine Beschlagnahme eine solche Sicherung zur Folge hat; denn

1. die mit der Beschlagnahme in der Zwangsvollstreckung, also die mit der Pfändung verbundene Verstrickung äußert sich in einer

---

[93] Siehe oben § 9 IV 2 b aa bbb bei Fn. 31.

rechtlichen Gebundenheit der beschlagnahmten Sache für den Staat; und

2. der Beschlagnahmezweck in der Zwangsvollstreckung, nämlich die Vorbereitung der Erfüllung des Vollstreckungsanspruches, bedarf einer rechtlichen Sicherung, da die Durchsetzung des durch die Beschlagnahme konkretisierten Vollstreckungsanspruches durch eine Verfügung des Schuldners zunichte gemacht werden kann; und

3. diese notwendige Sicherung wird im Fall der Zwangsvollstreckung unabhängig vom Theorienstreit nicht durch das im Gesetz vorgeschriebene Pfändungspfandrecht übernommen.

Dies Ergebnis mag für den Fall der Forderungspfändung nach §§ 829 ff. ZPO insofern erstaunlich erscheinen, als zuvor[94] festgestellt worden ist, das mit der Forderungspfändung verbundene inhibitorium enthalte kein Verfügungsverbot im Sinne von §§ 135, 136 BGB. Diese Aussage steht aber nicht im Widerspruch mit dem hier entwickelten Ergebnis. Die Tatsache, daß das inhibitorium kein Verfügungsverbot im Sinne von §§ 135, 136 BGB darstellt, hindert die Annahme eines solchen als *Beschlagnahmefolge* nicht. Denn die Pfändung von Forderungen und Rechten stellt genauso wie die Pfändung beweglicher Sachen einen Beschlagnahmeakt des Staates dar. Darüber hinaus gilt für die Sicherungsbedürftigkeit dieser Beschlagnahme dasselbe wie im Fall der Pfändung von beweglichen Sachen. Daraus folgt aber, daß auch im Fall der Zwangsvollstreckung in Forderungen und Rechte nach §§ 829 ff. ZPO der Zugriff des Staates im Wege der Beschlagnahme ein Verfügungsverbot bewirkt. Allerdings — und darin liegt ein wesentlicher Unterschied zur Ansicht der herrschenden Lehre[95] — entsteht das Verfügungsverbot nicht mit Zustellung des inhibitoriums, sondern knüpft an den Beschlagnahmeakt, also die Zustellung des arrestatoriums[96], an. Dem inhibitorium kommt allein die Wirkung zu, den Schuldner auf den Tatbestand der erfolgten Pfändung und daher auf das entstandene Verfügungsverbot hinzuweisen[97].

Dieser Hinweis ist aber gerade im Fall der Forderungspfändung von besonderer Bedeutung. Zu berücksichtigen ist nämlich die Tatsache, daß es sich bei dem mit der Forderungspfändung verbundenen Verfügungsverbot im Gegensatz zur Pfändung beweglicher Sachen nur um ein gerichtliches nach §§ 135, 136 BGB handeln kann, da die Vollstreckung hier nicht vom Gerichtsvollzieher, sondern vom Vollstreckungsgericht

---

[94] § 6 II.

[95] *Flume*, § 17 6 d; *Stein / Jonas / Münzberg*, § 829 IV 1 a; *Huber*, S. 53; *Stein*, Grundfragen, S. 27.

[96] Daß die Zustellung des arrestatoriums die Beschlagnahmehandlung ist, ergibt sich aus § 829 III ZPO.

[97] Siehe § 6 II vor Fn. 70.

durchgeführt wird[98]. Bei gerichtlichen Verfügungsverboten nach §§ 135, 136 BGB ist aber der Beginn der Wirkung der Verfügungsbeschränkung von der förmlichen Zustellung an den Betroffenen nach §§ 166 ff. ZPO abhängig[99]. Daraus folgt für die Pfändung von Forderungen und Rechten: Das Verfügungsverbot entsteht im Zeitpunkt der Beschlagnahme der Forderung, also mit Zustellung des arrestatoriums an den Drittschuldner; seine Wirkung gegenüber dem Schuldner beginnt aber erst mit dem Zeitpunkt der Zustellung[100] an ihn, also im Zeitpunkt der Zustellung des inhibitoriums[101]. Diese Lösung ist allein geeignet, das Verhältnis von arrestatorium und inhibitorium in den §§ 829 ff. ZPO zu klären[102]. Die Zustellung des arrestatoriums, also die Beschlagnahme der Forderung, ist die conditio, ohne die das Verfügungsverbot nicht entsteht; damit das Verfügungsverbot aber gegenüber dem von ihm betroffenen Schuldner wirken kann, muß wegen der Vorschriften der §§ 166 ff. ZPO zur Zustellung des arrestatoriums noch die Zustellung des inhibitoriums hinzukommen[103].

Vergleicht man diese für die Pfändung von Mobilien und Forderungen gefundenen Ergebnisse mit dem gesetzlich geregelten Fall des Verfügungsverbotes als Folge der Zwangsvollstreckung, nämlich dem

---

[98] *Lutz*, S. 94 und *Schönke / Baur*, § 25 I 1 sehen sowohl das Verfügungsverbot als Folge der Pfändung von Forderungen als auch das als Folge der Pfändung beweglicher Sachen als *gerichtliches* Verfügungsverbot an. Im Falle der Pfändung von Forderungen ist dies selbstverständlich, da hier das Vollstreckungsgericht Vollstreckungsorgan ist. Im Falle der Pfändung beweglicher Sachen kann dies aber wohl kaum der Fall sein. Denn der Gerichtsvollzieher wird in der Zwangsvollstreckung nicht, wie *Lutz*, S. 94 es behauptet, kraft ihm übertragener „Gerichts"gewalt, sondern kraft ihm übertragener „Amts"gewalt tätig.

[99] RGZ 135, 378 ff. (384); *RGRK / Krüger-Nieland*, § 136 Anm. II; *Staudinger / Coing*, § 136.

[100] Das gerichtliche Verfügungsverbot wird auch dann nicht vor Zustellung wirksam, wenn der Betroffene davon zuvor formlos Kenntnis erhält. *RGRK / Krüger-Nieland*, § 136 Anm. II.

[101] Im Ergebnis ähnlich: *Hachenburg*, S. 235; siehe auch oben § 6 II in Fn. 67.

[102] Siehe zu den Schwierigkeiten, die sich ergeben, wenn man im inhibitorium den Entstehungsgrund für das Verfügungsverbot sieht: oben § 6 II nach Fn. 61.

[103] Die hier entwickelte Ansicht hat folgende Konsequenzen: Wird die Zustellung des inhibitoriums versehentlich unterlassen, so ist die Forderung zwar aufgrund der Zustellung des arrestatoriums gepfändet, der Schuldner kann aber, weil bei gerichtlichen Verfügungsverboten der Beginn der Wirksamkeit von der Zustellung nach §§ 166 ff. ZPO an den Betroffenen abhängt, ungehindert — wenn auch mit dem Pfändungspfandrecht belastet — über die Forderung verfügen; das mit dem arrestatorium entstandene Verfügungsverbot hat wegen fehlender Zustellung an den Schuldner noch keine Wirkung. Fehlt dagegen die Zustellung des arrestatoriums und die Zustellung des inhibitoriums ist erfolgt, so ist das Verfügungsverbot noch nicht einmal entstanden; die Wirkungen der §§ 135, 136 BGB treten ebenfalls nicht ein.

Fall des § 23 ZVG, so zeigt sich, daß sich die Bedeutung dieses gesetzlich vorgesehenen Verfügungsverbotes in § 23 ZVG mit dem durch
Auslegung gewonnenen in der Mobiliar- und Forderungsvollstreckung
deckt. Auch in der Immobiliarvollstreckung knüpft das Verfügungsverbot an die Beschlagnahme an und sichert die Durchsetzung des
Beschlagnahmezweckes, der auch in diesem Fall in der Vorbereitung
der Erfüllung des Vollstreckungsanspruches besteht. Die Notwendigkeit zur Annahme eines Verfügungsverbotes ergibt sich aus den
speziellen Aufgaben der Beschlagnahme in der Zwangsvollstreckung.
Es ist unabhängig davon, ob das Gesetz ein solches, wie in § 23 ZVG,
ausdrücklich vorsieht, oder dies, wie in §§ 808, 829, 857 ZPO, unterläßt. Die Ermächtigung zur Beschlagnahme deckt in jedem Fall alle
die Maßnahmen gegen den Betroffenen, die notwendig sind, um
den jeweiligen Beschlagnahmezweck zu erreichen[104]. So ist denn die
ausdrückliche Erwähnung des Verfügungsverbotes in § 23 ZVG nicht
notwendig[105].

Man kann also ganz allgemein sagen, daß sowohl die Immobiliarwie die Mobiliar- und die Forderungsvollstreckung ein Verfügungsverbot als Beschlagnahmefolge kennen. Diese Feststellung stimmt im
Ergebnis, wenn auch nicht in der Begründung, mit der Ansicht der
ganz herrschenden Lehre überein. Während nun aber die herrschende
Lehre über das Verfügungsverbot als Folge der Zwangsvollstreckung
nichts weiter aussagt, als daß es den Gläubiger vor vollstreckungsvereitelnden Verfügungen des Schuldners schützt, ist hier versucht
worden, zu erklären, welchen Schutzzweck diese Sicherung verfolgt.
So wie die herrschende Lehre das Verfügungsverbot behandelte, ist sie
nur in der Lage gewesen, seine Bedeutung in der Immobiliarvollstreckung zu klären. Dort ergibt sich seine Notwendigkeit schon allein
aus der Tatsache, daß im Immobiliarvollstreckungsrecht kein Pfändungspfandrecht vorgesehen ist, um den notwendigen Schutz des
Gläubigers vor vollstreckungsvereitelnden Verfügungen des Schuldners zu gewährleisten. In der Mobiliarvollstreckung mußte es dagegen
nach der herrschenden Lehre ein mehr oder minder bedeutungsloses
Anhängsel[106] der Zwangsvollstreckung neben dem Pfändungspfandrecht bleiben. Bezieht man dagegen — wie hier geschehen — das
Verfügungsverbot auf den Schutz der Durchsetzung des bereits kon

---

[104] *Kaufmann*, S. 154.

[105] Bereits die Motive zum ZVG erklären die ausdrückliche Erwähnung
des Verfügungsverbotes in § 39 ZVG (heute § 23 ZVG) für überflüssig, weil
sich dies bereits aus dem Beschlagnahmecharakter der Eintragung des
Vermerkes ins Grundbuch ergebe. Allerdings ging man damals noch von
der Ansicht aus, daß Beschlagnahme und Verfügungsverbot identisch seien.
Vgl. *Motive* zur GBO und zum ZVG, 2. Halbbd., S. 141.

[106] Siehe oben § 1 vor Fn. 5.

kretisierten Vollstreckungsanspruches, so ist das Verfügungsverbot in seinem Wirkungskreis von dem des Pfändungspfandrechtes abgegrenzt. Das Pfändungspfandrecht kann nämlich — wenn überhaupt — nur die Durchsetzung des vollstreckbaren Anspruches sichern.

Dritter Teil

Konsequenzen aus der Einordnung des Verfügungsverbotes als Sicherung der mit der Beschlagnahme vorbereiteten Erfüllung des Vollstreckungsanspruches

Das Verfügungsverbot in der Zwangsvollstreckung sichert die mit der Beschlagnahme vorbereitete Erfüllung des Vollstreckungsanspruches. Mit Hilfe dieser Konstruktion war es möglich, die dogmatische Trennung der Wirkungen von Pfändungspfandrecht und Verfügungsverbot aufzuzeigen.

Im folgenden sollen nun darüber hinaus die praktischen Konsequenzen untersucht werden, die sich aus dieser Einordnung des Verfügungsverbotes ergeben. Untersucht werden sollen diese Konsequenzen der Einfachheit halber am Fall der Pfändung von beweglichen Sachen. Die Ergebnisse können aber unter Berücksichtigung der Besonderheiten, die das Gesetz im Einzelfall[1] vorsieht, auf die Fälle der Zwangsvollstreckung in Forderungen und die in Immobilien übertragen werden.

§ 10 Verhältnis von
Beschlagnahme — Verstrickung — Verfügungsverbot

Als erstes muß versucht werden, mit Hilfe der bereits angestellten Erwägungen über den Beschlagnahmecharakter der Zwangsvollstreckung das Verhältnis von Beschlagnahme, Verstrickung und Verfügungsverbot zueinander zu klären. Über das Verhältnis dieser beiden Folgen der Zwangsvollstreckung zueinander ist man sich in der Rechtslehre nämlich bis heute noch nicht einig geworden[2]. Während einige Autoren das Verfügungsverbot als Inhalt der Verstrickung ansehen[3],

---

[1] So müssen bei der Zwangsvollstreckung in Grundstücke außer der Tatsache, daß diese Zwangsvollstreckung kein Pfändungspfandrecht kennt, immer die Besonderheiten des Grundbuchrechtes und bei der Pfändung von Forderungen die Besonderheiten, die sich aus ihrem ideellen Charakter und der Anwendbarkeit der §§ 398 ff. BGB ergeben, berücksichtigt werden.

[2] Siehe die Übersicht über die hierzu vertretenen Meinungen bei *A. Blomeyer*, Festschrift für von Lübtow, S. 803 ff. (823) und bei *P. Geib*, S. 16.

[3] *Schönke / Baur*, § 25 I 1; *Stein*, Grundfragen, S. 26, 27; *Seuffert / Walsmann*, Bem. 6 zu § 803; *Messer*, S. 116; *Stein / Jonas / Münzberg*, § 803 Anm. II 1 a; *Binding*, S. 612; *Lutz*, S. 94 Fn. 357; *Kruse*, S. 16; *Lüke*, Diss., S. 11 f.

halten es andere für eine Wirkung[4] oder gar für die Rückseite[5] der Verstrickung und wieder andere für eine neben die Verstrickung tretende zweite Beschlagnahmewirkung[6]. Mit Ausnahme der letztgenannten Ansicht beruhen alle zu diesem Fragenkomplex vertretenen Ansichten auf einer Verkennung des Begriffes Verstrickung. Zwar war früh erkannt, daß die Verstrickung Folge des Beschlagnahmeaktes in der Zwangsvollstreckung ist und als solche den Zustand der rechtlichen Gebundenheit der Pfandsache für den Staat darstellt[7]. Die sich hieraus ergebenden Konsequenzen wurden jedoch nicht gesehen.

Selbst *P. Geib*, der auf die Unterscheidung zwischen Beschlagnahmeakt und Verstrickungszustand so besonderen Wert legt[8], vermochte nicht die richtigen Konsequenzen aus dieser Unterscheidung zu ziehen. Er bezeichnet das Verfügungsverbot als „Rückseite" des Verstrickungszustandes und damit als seine Wirkung[9]. Zur Begründung führt er an, „daß einziger unmittelbarer Zweck des Pfändungsaktes die Begründung der Verstrickung" sei[10]. Daraus folgert er, daß alle weiteren mit der Zwangsvollstreckung verbundenen Wirkungen, wie das Verfügungsverbot und sogar das Pfändungspfandrecht, „Funktionen"[11] der Verstrickung seien. Diese Aussage kann aber schon allein deswegen nicht überzeugen, weil P. Geib sich im folgenden vom Boden der öffentlich-rechtlichen Theorie aus[12] gegen die These der gemischt privat-öffentlich-rechtlichen Theorie wendet, nach der „alle der Pfändung nachfolgenden Akte ihre Rechtfertigung in der Verstrickung finden"[13] sollen[14]. Damit setzt P. Geib sich nämlich mit seiner eigenen Aussage in Widerspruch.

---

[4] *Rosenberg*, § 190 II 2 a; *Martin*, S. 109.

[5] So ausdrücklich *P. Geib*, S. 16.

[6] *Mothes*, S. 81; *Gerdes*, S. 3; *Uhrig*, S. 10 Anm. 1; *Bruns*, § 19 III 1; *H. Schmidt*, S. 16 und *Stein / Jonas*, Bem. II 1 zu § 803; ähnlich auch *A. Blomeyer*, Festschrift für von Lübtow, S. 803 ff. (823), der allerdings zur Bestätigung seiner Ansicht *Huber*, S. 78 zitiert, während Huber jedoch die Existenz des Verfügungsverbotes zumindest bei beweglichen Sachen in der Zwangsvollstreckung leugnet.

[7] Schon *Kruse*, S. 16, bedauert es, daß die Begriffe Beschlagnahmehandlung und Verstrickungszustand nicht auseinandergehalten werden.

[8] *P. Geib*, S. 15 f.

[9] Ein Zustand kann aber wohl kaum eine Folge, sondern höchstens einen Inhalt haben; so aber *P. Geib*, S. 16. Geibs Ansicht müßte konsequent zu der Annahme eines gesetzlichen Verfügungsverbotes führen; siehe hierzu *Gaul*, FamRZ 72, 533 ff. (534).

[10] *P. Geib*, S. 16.

[11] *P. Geib*, S. 16 Fn. 18.

[12] *P. Geib*, S. 147 stellt sich ausdrücklich auf den Boden der öffentlich-rechtlichen Theorie, nach der Grundlage der Verwertung nicht die Verstrickung, sondern das Pfändungspfandrecht ist.

[13] *P. Geib*, S. 17.

[14] Auf diesen Widerspruch in den Ausführungen *P. Geibs* weist bereits *Gaul*, FamRZ 72, 533 ff. (533) hin.

Die Frage, ob das Verfügungsverbot bereits an die Beschlagnahme oder erst an die Verstrickung anknüpft, kann nur unter Berücksichtigung des speziellen Beschlagnahmezweckes beantwortet werden. Der Zweck der Pfändung, also der Zweck der Beschlagnahme in der Zwangsvollstreckung, besteht — wie oben festgestellt[15] — in der Vorbereitung der Erfüllung des Vollstreckungsanspruches des Gläubigers gegen den Staat. Wie ebenfalls bereits oben[16] ausgeführt, stellt die Verstrickung in der Zwangsvollstreckung zwar die Begründung einer rechtlichen Gebundenheit der Pfandsache für den Staat dar, aufgrund deren er, verbunden mit der gesetzlichen Ermächtigung[17], berechtigt ist, über die verstrickte Sache zu verfügen und so den Vollstreckungsanspruch zu erfüllen. Diese Begründung der Verstrickung reicht aber dennoch nicht aus, um zu gewährleisten, daß der Beschlagnahmezweck erreicht wird, da der Schuldner durch eine Verfügung seinerseits die durch die Verstrickung begründete Verfügungsmacht des Staates über diesen speziellen Gegenstand vernichten kann. Also muß zur Aufrechterhaltung des Verstrickungszustandes der Schuldner in seiner Verfügungsmacht eingeschränkt werden. Wenn aber der Verstrickungszustand selbst gesichert werden muß, so kann man nicht mehr annehmen, daß das Verfügungsverbot, mit dem diese Sicherung erreicht wird, Folge oder Inhalt der Verstrickung ist. Da der Ursprung des Verfügungsverbotes nicht die Verstrickung, sondern der Zweck ist, um dessentwillen die Beschlagnahme durchgeführt wird, kann es auch nicht an die Verstrickung, sondern nur an die Beschlagnahme anknüpfen.

Das Verfügungsverbot ist also nichts anderes, als eine neben die Verstrickung tretende, sie ergänzende und vor allen Dingen absichernde

---

[15] Siehe oben § 9 IV 2 b bb bei Fn. 37.

[16] Siehe oben § 9 IV 1.

[17] Es darf nicht übersehen werden, daß die staatliche Berechtigung zur Verwertung, also die Verfügungsmacht des Staates, im Grunde ausschließlich von der gesetzlichen Ermächtigung herrührt. Erkennt man aber an, daß alle Wirkungen der Zwangsvollstreckung ihren Ursprung in der *durch das Gesetz* zugelassenen Beschlagnahme haben, so folgt daraus, daß der Streit um die Grundlage der Verwertung in der Zwangsvollstreckung eigentlich gegenstandslos ist. So auch *Huber*, S. 58 und *Henckel*, S. 323. *Gaul*, Rpfleger 71, 1 ff. (4), vergleicht die Rolle des Gerichtsvollziehers im Zusammenhang mit diesem Streit mit Münchhausen, der sich selbst am eigenen Zopfe aus dem Sumpfe zieht. Beide, Verstrickung und Pfändungspfandrecht gehen auf die durch das Gesetz zugelassene Pfändung zurück, und das Gesetz ermächtigt wiederum aufgrund dieser ordnungsgemäßen Pfändung den Gerichtsvollzieher zur Verwertung. Das Bestehen der Verstrickung und nach der öffentlich-rechtlichen Theorie des Pfändungspfandrechtes sind ihrer Bedeutung nach für die Verwertung — wie *Huber* zutreffend herausgearbeitet hat — nicht anders zu beurteilen, als die Sachurteilsvoraussetzungen im Erkenntnisverfahren. Aus der Tatsache, daß nur gepfändete Sachen verwertet werden dürfen, kann nicht gefolgert werden, daß die Beschlagnahmehandlung ein „Recht" auf Verwertung gewährt; dies kann nur das Gesetz! Siehe hierzu *Huber*, S. 59, insbesondere Fn. 6 und 7.

zusätzliche Wirkung der Beschlagnahme in der Zwangsvollstreckung[18]. Sieht man das Verfügungsverbot als eine neben die Verstrickung tretende Wirkung der Pfändung, also der Beschlagnahme, an, so folgt schon allein aus dieser Trennung[19], daß die Existenz der Verstrickung zumindestens nicht unmittelbar an die Existenz des Verfügungsverbotes geknüpft ist[20].

Das ist jedoch nicht die einzige Folgerung, die aus dem oben festgestellten Verhältnis von Beschlagnahme, Verstrickung und Verfügungsverbot zu ziehen ist. Nur die hier entwickelte Ansicht, daß nämlich das Verfügungsverbot eine Folge der Beschlagnahme und nicht der Verstrickung ist, ist in der Lage, die These der bereits bisher ganz herrschenden Lehre[21] zu begründen, nach der es sich bei dem Verfügungsverbot in der Zwangsvollstreckung um ein behördliches[22] und im Falle der Forderungspfändung um ein gerichtliches, in jedem Fall aber um ein nach den §§ 135, 136 BGB zu beurteilendes Verfügungsverbot handeln muß. Sieht man nämlich das Verfügungsverbot als Inhalt, oder mit P. Geib[23], als Rückseite der Verstrickung an, so könnte man nicht umhin, das Verfügungsverbot als ein gesetzliches im Sinne von § 135 BGB zu beurteilen[24]. Denn die Verstrickung ist eine — wie es

---

[18] So ausdrücklich *H. Schmidt*, S. 16 und *Stein / Jonas*, Bem. II 1 zu § 803. Dies entspricht auch der Formulierung in § 23 ZVG. Das Argument, mit dem *A. Blomeyer*, Festschrift für von Lübtow, S. 803 ff. (823) und Vollstreckungsverfahren, § 41 II 4 dies Ergebnis zu begründen versucht, vermag dagegen nicht zu überzeugen. Seiner Ansicht nach ist nämlich das Verfügungsverbot deshalb Folge der Beschlagnahme, weil es aufgrund seines privatrechtlichen Charakters nicht zu der öffentlich-rechtlichen Verstrickung passe.

[19] Wobei hier noch der Fragenkomplex unberücksichtigt bleiben muß, ob überhaupt ein derartiger hoheitlicher Rechtszustand durch rechtsgeschäftliche Verfügung zunichte gemacht werden kann.

[20] Die Ansicht, nach der das Verfügungsverbot Folge oder gar Inhalt der Verstrickung ist, muß konsequent zu dem Ergebnis kommen, daß Verstrickung und Verfügungsverbot das gleiche Schicksal teilen.

[21] Siehe etwa *Thomas / Putzo*, § 803 Anm. 5; *Schönke / Baur*, § 25 I 1; *P. Geib*, S. 17; *Henckel*, S. 318; *Martin*, S. 109 und *Lutz*, S. 94; anderer Ansicht allein *Sohm*, S. 128 f.: Er nimmt an, daß es sich bei dem Verfügungsverbot um ein gesetzliches im Sinne von § 135 BGB handeln müsse, weil das Verbot nicht mit der Pfändung identisch sei, sondern als deren Folge kraft Gesetzes eintrete. Konsequenz dieser Ansicht wäre aber — abgesehen davon, daß die Zwangsvollstreckung kein gesetzlich vorgeschriebenes Verfügungsverbot kennt —, daß immer dann, wenn ein Gesetz eine Ermächtigung zur Anordnung eines Verfügungsverbotes enthält, es sich um ein gesetzliches handeln müsse. Gerade das Gegenteil ist aber der Fall. Das Gesetz enthält im Regelfall lediglich eine Ermächtigung an die Behörde oder das Gericht, ein solches zu erlassen. Dabei handelt es sich dann aber keineswegs um ein gesetzliches Verfügungsverbot. Heute wird sogar bereits vom BGHZ 13, 179 ff. (184) bezweifelt, ob es überhaupt gesetzliche Verfügungsverbote gibt.

[22] Siehe Zusammenfassung Teil 2 in Fn. 98.

[23] *P. Geib*, S. 16.

[24] Hierauf hat *Gaul* zum ersten Mal hingewiesen: *Gaul*, FamRZ 72, 533 ff. (534).

in § 136 I StGB zum Ausdruck kommt — gesetzlich vorgesehene Wirkung der Beschlagnahme und, wenn der Inhalt dieser gesetzlichen Wirkung in einem Verfügungsverbot bestände, so müßte es sich doch konsequent um ein gesetzliches Verfügungsverbot handeln.

Als Ergebnis dieser Untersuchung kann also festgehalten werden: Die Beschlagnahme in der Zwangsvollstreckung hat *neben* der Verstrickung ein Verfügungsverbot im Sinne der §§ 135, 136 BGB zur Folge.

§ 11 Entstehungsvoraussetzungen für das Verfügungsverbot in der Zwangsvollstreckung

Die bisherigen Untersuchungen haben ergeben, daß die Pfändung im *Regelfall* Verstrickung, Verfügungsverbot und Pfändungspfandrecht zur Folge hat. Während sich nun aber die Rechtslehre eingehend mit der Frage beschäftigt hat, welche Voraussetzungen im *Einzelfall* für das Entstehen der Verstrickung[25] und des Pfändungspfandrechtes[26] vorliegen müssen, haben sie sich mit Bezug auf das Verfügungsverbot mit der Feststellung begnügt, es entstehe mit der Pfändung[27]. Grund für diese recht ungenaue Behandlung war, daß man das Verfügungsverbot zwar als begriffsnotwendige Folge der Beschlagnahme ansah, seine Wirkung aber neben dem Pfändungspfandrecht für überflüssig hielt[28]. Die bisherigen Untersuchungen haben aber ergeben, daß das Verfügungsverbot in der Zwangsvollstreckung nur deshalb entsteht, weil der Beschlagnahmezweck, nämlich die Vorbereitung der Erfüllung des Vollstreckungsanspruches, ein derartiges Verbot als Sicherung benötigt[29]. Entsteht das Verfügungsverbot aber nur deshalb, weil der konkretisierte Vollstreckungsanspruch sicherungsbedürftig ist, so muß zu den Entstehungsvoraussetzungen des Verfügungsverbotes in der Zwangsvollstreckung neben dem Erfordernis einer wirksamen Pfändung[30] auch die Existenz des Vollstreckungsanspruches gehören.

---

[25] Siehe nur die grundlegende Arbeit von *Schwinge:* Der fehlerhafte Staatsakt in der Zwangsvollstreckung.

[26] Seit Einführung der CPO ist der Streit um Rechtsnatur und damit um die Entstehungsvoraussetzungen des Pfändungspfandrechtes das bevorzugte Thema der Zwangsvollstreckungslehre. Siehe allein in neuester Zeit die Arbeiten von *Martin* und *Huber.*

[27] Erst *Huber,* S. 54 Fn. 34 hat auf die Notwendigkeit einer genaueren Untersuchung der Entstehungsvoraussetzungen des Verfügungsverbotes in der Zwangsvollstreckung hingewiesen.

[28] Siehe oben § 1 bei Fn. 5.

[29] Siehe oben § 9 IV 3 b bb am Ende.

[30] Dies Erfordernis ist auch für die herrschende Lehre selbstverständlich. Denn eine nichtige Beschlagnahme und damit eine nichtige Pfändung hat keinerlei Rechtsfolgen.

I. Wirksame Beschlagnahme als Voraussetzung
für das Entstehen eines Verfügungsverbotes

Es ist nicht möglich, im Rahmen der vorliegenden Arbeit eingehender auf die höchst strittige und bis heute noch nicht befriedigend beantwortete Frage nach den Voraussetzungen der wirksamen Pfändung einzugehen. Die Fragen, die sich an den fehlerhaften Vollstreckungsakt anknüpfen, sind so zahlreich, daß sie zum Gegenstand einer selbständigen Untersuchung gemacht werden müssen[31]. Im Rahmen dieser Arbeit kann nur insoweit auf diese Fragen eingegangen werden, als es mit dem hier zu bearbeitenden Thema in unmittelbarem Zusammenhang steht. Es darf jedoch darauf hingewiesen werden, daß die Schwierigkeiten, die sich bei einer Prüfung der Wirksamkeit einer Pfändung ergeben, weitgehend darauf beruhen, daß es bis heute nicht gelungen ist, ein allgemeines Abgrenzungskriterium für die Nichtigkeit und die bloße Anfechtbarkeit von Beschlagnahmeakten in der Zwangsvollstreckung zu finden. Die Frage, ob eine Pfändung nichtig oder nur anfechtbar ist, wird nach der heute wohl herrschenden Meinung mit *Schwinge* danach beurteilt, ob der Pfändung „ein begriffsnotwendiges Erfordernis fehlt", dessen „Vorhandensein für die Lösung der von der Verstrickung gesetzten sachlichen Aufgabe (die Verwirklichung ihres Zweckes) unentbehrlich ist"[32]. Demgegenüber versucht *P. Geib*[33] mit Hilfe des „Vollstreckungsrechtsverhältnisses" ein solches Abgrenzungskriterium zu schaffen. Gegen die Auffassung von Schwinge spricht, daß sie die Lehre vom fehlerhaften Vollstreckungsakt zu sehr in die Nähe der Lehre vom fehlerhaften Verwaltungsakt rückt[34]. Doch auch die von P. Geib vertretene Abgrenzung aufgrund des Vollstreckungsrechtsverhältnisses ist bei konsequenter Anwendung dieses Gedankens nicht in der Lage, alle auftauchenden Fragen befriedigend zu lösen[35]. Man wird angesichts dieser unterschiedlichen Auffassungen im Schrifttum wohl bezweifeln müssen, ob

---

[31] Bisher hat *Schwinge* in seiner Schrift: „Der fehlerhafte Staatsakt in der Mobiliarvollstreckung" den umfassendsten Versuch gemacht, diesen Fragenkomplex zu klären. Siehe als neue Literatur hierzu: *P. Geib*, Die Pfandverstrickung und die Besprechung hierzu von *Gaul*, FamRZ 72, 533 ff. (534).

[32] *Schwinge*, S. 43, 42.

[33] *P. Geib*, S. 100 ff., insbesondere S. 110.

[34] Siehe hierzu die Kritik von *Gaul*, Rpfleger 71, 1 ff. (4 ff.) und *Gaul*, FamRZ 72, 533 ff. (535).

[35] *P. Geib* setzt sich nämlich zu seinem eigenen Ausgangspunkt (dem Vollstreckungsrechtsverhältnis, S. 109) in Widerspruch, wenn er zu dem Ergebnis kommt, der fehlende Antrag begründe lediglich die Anfechtbarkeit der Pfändung, S. 112. Ohne einen Antrag besteht aber niemals das von *P. Geib* auf S. 109 apostrophierte Vollstreckungsrechtsverhältnis zwischen Gläubiger und Schuldner unter Vermittlung des Vollstreckungsorgans. Siehe hierzu die Kritik von *Gaul*, FamRZ 72, 533 ff. (535).

es überhaupt „eine einheitliche Regel gibt, mit deren Hilfe sich axiomatisch-deduktiv beurteilen ließe, wann ein Mangel im Einzelfall zur Anfechtung oder zur Nichtigkeit der Pfändung führt"[36]. Abgesehen von diesen Schwierigkeiten hat sich jedoch in der Rechtslehre bei vielen der in Betracht kommenden Fallgruppen eine gefestigte Ansicht dazu herausgebildet, ob die dort aufgetretenen Fehler der Pfändung nun im Einzelfall zur Nichtigkeit oder nur zur Aufhebbarkeit der Pfändung führt.

So führen das Fehlen der deutschen Gerichtsbarkeit, die Unzulässigkeit des Rechtsweges[37], vornehmlich aber das Fehlen des Titels[38] nach einhelliger Ansicht zur Nichtigkeit der Pfändung. Gleiches soll nach herrschender Meinung[39] für die Pfändung gelten, die gegen eine nicht im Titel genannte Person stattgefunden hat. In diesen genannten Beispielsfällen kann ein Verfügungsverbot als Folge der Zwangsvollstreckungsmaßnahme schon deshalb nicht entstehen, weil der Beschlagnahmeakt bereits nichtig gewesen ist[40].

II. Der Vollstreckungsanspruch als zweite Voraussetzung für das Entstehen des Verfügungsverbotes

Die wirksame Beschlagnahme kann allein aber noch nicht zum Entstehen des Verfügungsverbotes führen. Hinzu kommen muß, wie oben ausgeführt[41], die Existenz des Vollstreckungsanspruches.

1. Das Fehlen des Vollstreckungsanspruches hindert zwar nicht in jedem Fall das Entstehen der Verstrickung, wohl aber das Entstehen des Verfügungsverbotes

Es stellt sich jedoch die Frage, ob es überhaupt eine wirksame Pfändung, also eine wirksame Beschlagnahme in der Zwangsvollstreckung, gibt, wenn der Vollstreckungsanspruch des Gläubigers gegen

---

[36] Zu Recht betont *Gaul*, FamRZ 72, 533 ff. (535), daß diese Zweifel *P. Geibs*, S. 105 auch gegenüber *Geibs* eigener Lösung aufrechterhalten werden müssen.

[37] Siehe *Schönke / Baur*, § 10 IV 1, 3; *Schwinge*, S. 59; *P. Geib*, S. 111; *Gaul*, Rpfleger 71, 1 ff. (90 bei Fn. 386).

[38] *Schönke / Baur*, § 8 II; *P. Geib*, S. 113.

[39] *Stein / Jonas / Münzberg*, § 750 Anm. II 3; *Wieczorek*, § 750 Anm. B III; *Lent / Jauernig*, § 16 II, S. 55; *Mohrbutter*, § 13 IV 2, S. 202; *P. Geib*, S. 114; a. A. BGHZ 30, 173 ff. (175); *Rosenberg*, § 177 I 1; *Amend*, S. 94.

[40] In diesem Punkt entsprechen die hier gefundenen Ergebnisse noch der bisherigen Ansicht bezüglich des Verfügungsverbotes in der Zwangsvollstreckung. Der Satz, das Verfügungsverbot entsteht mit der Pfändung, bedeutet nämlich selbstverständlich, daß die Pfändung wirksam sein muß, um überhaupt Rechtsfolgen zu haben.

[41] Siehe oben § 11 bei Fn. 30.

den Staat nicht gegeben ist. Dies ist in Anbetracht der Tatsache, daß die Verstrickung nichts anderes bedeutet als das Bereitstehen der Pfandsache zur Erfüllung des Vollstreckungsanspruches[42], nicht ohne weiteres einzusehen. Es fragt sich nämlich, warum die Verstrickung anders behandelt werden soll als das Verfügungsverbot, da doch beide einen unmittelbaren Bezug zum Vollstreckungsanspruch haben. Allerdings ist bei dem Verfügungsverbot im Gegensatz zur Verstrickung eine Unterscheidung zwischen Nichtigkeit und Anfechtbarkeit nicht möglich: Entweder es entsteht, weil seine Voraussetzungen vorliegen, oder aber es entsteht schon deshalb nicht, weil nur eine seiner Voraussetzungen nicht gegeben ist. Das Verfügungsverbot ist nämlich nur eine privatrechtliche Wirkung der Pfändung zugunsten des Gläubigers, die eben dann entfällt, wenn der Gläubiger wegen Fehlens des Vollstreckungsanspruches nicht schutzbedürftig ist, während die Verstrickung die hoheitliche Verfangenheit der Sache bedeutet. Der Einfluß einer solchen hoheitlichen Wirkung ist aber zusätzlich davon abhängig, ob das öffentliche Interesse dies erfordert oder nicht. Wenn nun auch zuzugeben ist, daß eine Pfändung ohne Vollstreckungsanspruch ihren Zweck, nämlich die Erfüllung eben dieses Anspruches, nicht erreichen kann, so muß dies doch nicht unbedingt zur Nichtigkeit der Verstrickung führen. Es kann vielmehr bei der bloßen Anfechtbarkeit bleiben, wenn besondere Gründe, wie etwa die Rechtssicherheit oder aber das öffentliche Interesse dies rechtfertigen.

Aus diesem Grunde haben auch alle Versuche in der Rechtslehre[43], den Vollstreckungsanspruch als Abgrenzungskriterium zwischen Nichtigkeit und bloßer Anfechtbarkeit der Pfändung anzuerkennen, nicht zum Erfolge geführt. Zuletzt hat P. Geib diesen Versuch gemacht[44], als er das Vollstreckungsrechtsverhältnis zum Abgrenzungskriterium machte. Auch dieser Versuch mußte fehlgehen. Das Vorhandensein des Vollstreckungsrechtsverhältnisses richtet sich nämlich, wie P. Geib[45, 46] selbst betont, nach der Existenz des Vollstreckungsanspruches. Die eigenen Ausführungen P. Geibs zeigen, daß dieses Kriterium nicht ausschlaggebend sein kann. Denn der Vollstreckungsanspruch berechtigt, wie auch P. Geib ausführt, den Gläubiger lediglich, vom Staat die Zwangsvollstreckung gegen den Schuldner zu verlangen, da dem Gläubiger auch nur das Vermögen des Schuldners haftet[47]. Wenn sich aber der

---

[42] Siehe oben § 9 IV 2 b bb bei Fn. 37.

[43] *Lüke*, Diss., S. 30; *P. Geib*, S. 100 ff. (110).

[44] *P. Geib*, S. 100 ff. (110).

[45] *P. Geib*, S. 111.

[46] Ebenso wohl *Lüke*, Diss., S. 30 und *P. Geib*, S. 110 f., der zwar ausdrücklich bloß vom „Vollstreckungsrechtsverhältnis" spricht, selbst aber zugibt, daß das Vollstreckungsrechtsverhältnis nur nach Maßgabe des Vollstreckungsanspruches besteht.

Vollstreckungsanspruch gegen den Staat nur auf das Vermögen des *Schuldners* richtet, müßte konsequent in all den Fällen, in denen der Vollstreckungsanspruch des Gläubigers nicht gegeben ist, weil auf nicht haftendes — da schuldnerfremdes — Vermögen zugegriffen wurde, die Pfändung nichtig sein. Doch selbst P. Geib zieht diese Konsequenz nur in dem Fall der Pfändung gegen eine nicht im Titel genannte Person, also eine Pfändung, die gegen § 750 ZPO[48] verstößt, nicht aber im Fall der Pfändung einer schuldnerfremden Sache[49]. Dies würde auch gegen § 808 ZPO verstoßen. In § 808 ZPO wird nämlich nur von den im Gewahrsam und nicht von den im Eigentum des Schuldners befindlichen Sachen gesprochen. Es sind also bereits gesetzlich Fälle erfaßt, in denen schuldnerfremdes Vermögen gepfändet wird. Auch in diesen Fällen ist der Pfändung trotz der Unmöglichkeit, ihren Zweck zu erreichen, Wirksamkeit zuerkannt. Hätte der Gesetzgeber einer solchen Pfändung die Wirksamkeit abgesprochen, so müßte der Gerichtsvollzieher vor jeder Pfändung prüfen, ob die Sachen, auf die er zugreifen will, dem Schuldner gehören. Damit wäre aber der Pfändung die Schlagkraft genommen. Im heutigen Wirtschaftsleben ist die Prüfung der Eigentumsverhältnisse häufig nicht unproblematisch und daher zeitraubend. Diese Zeit könnte der Schuldner dazu benutzen, den Gegenstand dem Vollstreckungszugriff zu entziehen. Daher muß jeder Pfändung, die sich auf Sachen bezieht, welche sich im Gewahrsam des Schuldners befinden, zunächst jedenfalls Wirksamkeit verliehen werden. Das öffentliche Interesse erfordert also im Fall der Pfändung einer schuldnerfremden Sache die Wirksamkeit der Beschlagnahme, obwohl ein Vollstreckungsanspruch nicht gegeben ist. Wenn aber — wie auch P. Geib und Lüke es zugeben — in diesen Fällen die Pfändung wirksam, wenngleich anfechtbar ist, so genügt der Vollstreckungsanspruch allein nicht als Abgrenzungskriterium zwischen Nichtigkeit und Anfechtbarkeit der Pfändung. Wird die Pfändung

---

[47] *P. Geib*, S. 118; *Stein*, Grundfragen, S. 37; *Reichmayr*, S. 34 ff.; *Jestaedt*, S. 94; *W. A. Müller*, S. 89. Lediglich scheinbar anderer Ansicht *Martin*, S. 126 Fn. 123, wenn er sagt, der Vollstreckungsanspruch enthalte keine Aussage darüber, inwieweit in das Vermögen des Dritten eingegriffen werden darf. Da Martin diese Aussage allerdings selbst nur auf die Rangfrage beschränkt (ein Dritter ist seiner Ansicht nach jeder konkurrierende Gläubiger, der ja durch vorrangige Pfändung in seinem Rechtskreis betroffen wird), ist ihm für diesen Fall *im Ergebnis* zuzustimmen. Diese Frage ist aber kein Problem des Inhaltes des Vollstreckungsanspruches, sondern ein Problem des Verhältnisses mehrerer Vollstreckungsansprüche verschiedener Gläubiger eines Schuldners.

[48] *P. Geib*, S. 117.

[49] Dies folgt für *P. Geib* aus der Bemerkung auf S. 149: „Der ursprüngliche Dritteigentümer besäße eine verstrickte, der nachträgliche Dritteigentümer eine verstrickungsfreie Sache." Hier geht *P. Geib* nämlich selbst davon aus, daß im Fall der Pfändung einer schuldnerfremden Sache die Verstrickung entsteht.

durchgeführt, obwohl der Vollstreckungsanspruch nicht vorliegt, muß denn auch stets untersucht werden, ob nicht besondere Gründe für die Wirksamkeit der Pfändung sprechen.

In der Zwangsvollstreckung können also wirksame Pfändung und Vollstreckungsanspruch auseinanderfallen. Liegt ein solcher Fall vor, so bewirkt die Pfändung dennoch die Verstrickung. Wie aber bereits ausgeführt, bewirkt eine solche Pfändung kein Verfügungsverbot zugunsten des Gläubigers. Denn bei dem Verfügungsverbot handelt es sich im Gegensatz zur Verstrickung um eine rein privatrechtliche Folge der Zwangsvollstreckung. Die besonderen Gründe, die bei der hoheitlichen Verstrickung zu einem — wenn auch bloß anfechtbaren — Entstehen führen können, haben bei der Frage nach dem Verfügungsverbot keine Geltung. Während das Entstehen der Verstrickung nämlich aus Gründen des öffentlichen Interesses an einem möglichst reibungslosen Ablauf des Verfahrens trotz Fehlen des Vollstreckungsanspruches sinnvoll ist, hat dieser Grund für die privatrechtliche Wirkung der Zwangsvollstreckung, das Verfügungsverbot, keine Geltung. Die Bedeutung des Verfügungsverbotes beschränkt sich auf den privatrechtlichen Schutz des Gläubigers. Die Frage nach der Existenz des Verfügungsverbotes muß also allein danach beurteilt werden, ob es seinen Schutzzweck erfüllen kann oder nicht. Da aber bei Fehlen des Vollstreckungsanspruches das Verfügungsverbot seinen Schutzzweck, nämlich die Sicherung der Erfüllung des konkretisierten Vollstreckungsanspruches, nicht erreichen kann, kommt es in diesen Fällen nicht zum Entstehen. Man kann also sagen, daß nur dann die Verstrickung durch ein Verfügungsverbot gesichert wird, wenn der Gläubiger einen Vollstreckungsanspruch gegen den Staat hat.

2. Einzelfälle, in denen die Pfändung zwar eine Verstrickung, aber kein Verfügungsverbot bewirkt

Es muß nun aber zugegeben werden, daß in den meisten Fällen, in denen die Pfändung zwar anfechtbar, immerhin aber wirksam ist, auch der Vollstreckungsanspruch existiert, so daß die Beschlagnahme neben der Verstrickung ein Verfügungsverbot zur Folge hat. Das ist z. B. der Fall, wenn die Vollstreckungsklausel fehlt[50], oder die Zustellung nicht erfolgt[51], oder aber die titulierte Forderung materiell-rechtlich nicht existent ist[52]. Im Rahmen der Ausführungen zu der Frage, ob überhaupt wirksame Beschlagnahme und Existenz des Vollstreckungsanspruches auseinanderfallen können, ist bereits aufgezeigt, wann im

---

[50] *P. Geib,* S. 116; a. A. *Uhrig,* S. 11; *Amend,* S. 94; *Hein,* Identität I, S. 116.
[51] *P. Geib,* S. 117.
[52] Siehe statt aller: *Rosenberg,* § 190 II 1 a.

Einzelfall diese Situation gegeben ist. Das ist, wenn man mit der Rechtsprechung trotz eines Verstoßes gegen § 750 ZPO die Verstrickung für entstanden ansieht[53], der Fall, wenn sich die Pfändung gegen eine im Titel nicht genannte Person richtet, sowie bei der Pfändung schuldnerfremden Vermögens. In diesen Fällen entsteht also trotz wirksamer Beschlagnahme mit der Pfändung kein Verfügungsverbot, weil seine zweite Entstehungsvoraussetzung, das Bestehen des Vollstreckungsanspruches, nicht gegeben ist.

a) Zusätzliche Gründe, die im Fall der Pfändung einer schuldnerfremden Sache gegen ein Verfügungsverbot sprechen

Bei der Pfändung schuldnerfremden Vermögens sprechen aber unabhängig von diesem dogmatischen Argument noch andere — allerdings mehr praktische — Gründe, auf die Huber[54] erstmals hingewiesen hat, gegen die Annahme eines Verfügungsverbotes. Sinn des Verfügungsverbotes in der Zwangsvollstreckung ist es nämlich, den Beschlagnahmezweck — die Vorbereitung der Erfüllung des Vollstreckungsanspruches — dadurch zu sichern, daß der Schuldner in seiner Verfügungsmacht über den Gegenstand eingeschränkt wird. So wird verhindert, daß der Schuldner den gepfändeten Gegenstand wirksam an einen Dritten übereignet und der Dritte im Wege der Drittwiderspruchsklage nach § 771 ZPO die Möglichkeit zur Aufhebung der Vollstreckung erhält. Bei der Pfändung einer schuldnerfremden Sache würde aber der Schuldner durch ein Verfügungsverbot nicht weiter in seiner Verfügungsmacht beschränkt, als er es ohnehin schon ist. Als Nichteigentümer kann er nämlich genau wie als Eigentümer einer Sache, bezüglich der ein relatives Verfügungsverbot besteht, nur zugunsten eines gutgläubigen Dritten verfügen, da § 135 II BGB auf die Regelung der §§ 932 ff. BGB verweist. Außerdem kann im Falle der Pfändung einer schuldnerfremden Sache ein Verfügungsverbot seinen Schutzzweck schon deshalb nicht erreichen, weil die Möglichkeit zur Drittwiderspruchsklage, also zur Beendigung der Zwangsvollstreckung für den wahren Eigentümer der gepfändeten Sache, von Beginn der Zwangsvollstreckung besteht, so daß mit dem Verfügungsverbot diese Gefährdung nicht eingeschränkt werden kann[55].

---

[53] BGHZ 30, 173 ff. (175).

[54] *Huber*, S. 54 Fn. 35.

[55] Bei der Pfändung nach *§ 829 ZPO* erscheint die Annahme eines Verfügungsverbotes bei der Pfändung einer schuldnerfremden *Forderung* darüber hinaus sogar unmöglich. Das mit der Forderungspfändung verbundene gerichtliche Verfügungsverbot ist nämlich in seiner Wirkung von der förmlichen Zustellung nach §§ 166 ff. ZPO abhängig (siehe oben Zusammenfassung Teil 2 bei Fn. 103). Adressat der Zustellung des Verfügungsverbotes kann aber nur der Inhaber der gepfändeten Forderung sein, bezüglich derer er in seiner Verfügungsmacht beschränkt wird. Ein Dritter würde ja durch

Die Tatsache, daß es Pfändungsfälle gibt, bei denen eine wirksame Beschlagnahme stattfindet, die kein Verfügungsverbot zur Folge hat, zeigt, daß Verstrickung und Verfügungsverbot nicht nur theoretisch voneinander unabhängig sind[56], sondern, daß es darüber hinaus auch praktisch Situationen gibt, in denen sie von Beginn der Pfändung an auseinanderfallen. Dies ist auch sinnvoll, weil die Verstrickung in der Zwangsvollstreckung nichts anderes bedeutet als die rechtliche Gebundenheit für den Staat[57], also die Voraussetzung[58] der staatlichen Verwertung für den Gläubiger. Das Verfügungsverbot hat unmittelbar mit der Verstrickung nichts zu tun; es dient nur ihrer Sicherung, soweit hinter ihr ein Vollstreckungsanspruch des Gläubigers existiert. Wenn daher im Einzelfall die Pfändung kein Verfügungsverbot zur Folge hat, so wird damit die Verstrickung nicht eo ipso hinfällig, sondern lediglich gefährdet.

III. Abgrenzung des Entstehens des Pfändungspfandrechts vom Entstehen des Verfügungsverbotes in Fällen anfechtbarer Pfändung

Da aber Verstrickung und Verfügungsverbot nicht die einzigen Pfändungsfolgen sind, die Pfändung vielmehr auch ein Pfändungspfandrecht bewirkt, soll an zwei Beispielen das Schicksal des Pfändungspfandrechts bei zwar wirksamer, aber dennoch fehlerhafter Pfändung untersucht werden, und zwar einmal an dem Fall, daß trotz wirksamer (anfechtbarer) Beschlagnahme kein Verfügungsverbot entsteht, nämlich die Pfändung schuldnerfremder Sachen[59] und zum anderen an dem Fall, daß neben einer wirksamen (anfechtbaren) Beschlagnahme ein Verfügungsverbot entsteht, nämlich die Pfändung aufgrund eines ordnungsgemäßen Titels, der aber keine materiellrechtlich existente Forderung zugrunde liegt[60]. Während die Folgerun-

---

das relative Verfügungsverbot nicht weiter in seiner Verfügungsmacht beschränkt, als er es ohnehin schon ist. Bei der Pfändung einer schuldnerfremden Forderung erfolgt nun aber die Zustellung nicht an den Inhaber der Forderung, sondern an den Schuldner des pfändenden Gläubigers. Das Verfügungsverbot wird daher in diesem Fall nicht an den richtigen Adressaten zugestellt, und kann also, obwohl es aufgrund des arrestatoriums entstanden ist, keine Wirkungen entfalten (siehe auch oben Zusammenfassung Teil 2 bei Fn. 100). Die Annahme eines Verfügungsverbotes scheitert daher in dem Sonderfall der Pfändung einer schuldnerfremden Forderung an den für das gerichtliche Verfügungsverbot geltenden Vorschriften.

[56] Siehe bereits oben § 10 bei Fn. 19; zwangsläufig anders alle Autoren, die das Verfügungsverbot als Inhalt der Verstrickung ansehen.

[57] Siehe oben § 9 IV 1.

[58] Nicht *Recht* des Staates zur Verwertung, *Huber*, S. 59 Fn. 7; Grundlage der Versteigerung ist nämlich das Gesetz. Für die öffentlich-rechtliche Theorie ist das Pfändungspfandrecht weitere erforderliche Voraussetzung.

[59] Der Gläubiger hat in bezug auf die schuldnerfremden Sachen nämlich keinen Vollstreckungsanspruch, siehe oben § 11 II 1 bei Fn. 47.

gen mit Bezug auf das Verfügungsverbot in beiden Fällen allein davon abhängen, ob im Einzelfall dem Gläubiger der Vollstreckungsanspruch zusteht oder nicht, hängen die Folgerungen bezüglich des Pfändungspfandrechtes davon ab, welcher Pfändungspfandrechtstheorie man folgt.

1. Die gemischt privat-öffentlich-rechtliche Theorie vom Pfändungspfandrecht

Nach der gemischt privat-öffentlich-rechtlichen Theorie kann sowohl die Pfändung ohne zugrundeliegende materielle Forderung als auch die Pfändung schuldnerfremden Vermögens nicht zur Entstehung eines Pfändungspfandrechtes führen. Das Pfändungspfandrecht ist danach nämlich als privates Recht abhängig vom Bestand der materiellen Forderung[61] und kann, da der für die Anwendbarkeit des § 1207 BGB unerläßliche Vertrauenstatbestand nur bei der rechtsgeschäftlichen Pfandbestellung, nicht jedoch beim staatlichen Pfändungsakt geschaffen wird, im Fall der Pfändung einer schuldnerfremden Sache auch nicht gutgläubig erworben werden[62]. So führt nach der gemischt privat-öffentlich-rechtlichen Theorie die Pfändung ohne zugrundeliegende materielle Forderung zwar noch zur Entstehung der Verstrickung und des Verfügungsverbotes; sie bewirkt jedoch kein Pfändungspfandrecht. Obwohl aber bei der Pfändung schuldnerfremden Vermögens die Pfändungswirkungen ausschließlich auf die Verstrickung beschränkt sind, ist in beiden Fällen der Gerichtsvollzieher trotzdem berechtigt, die Zwangsvollstreckung weiter zu betreiben, weil nach dieser Theorie die Verstrickung allein die Voraussetzung der Verwertung ist, ohne daß ein Pfändungspfandrecht hinzukommen muß[63].

2. Die öffentlich-rechtliche Theorie vom Pfändungspfandrecht

Nach der öffentlich-rechtlichen Theorie führt dagegen die Pfändung in beiden Beispielsfällen auch zur Entstehung eines Pfändungspfandrechtes, da das Pfändungspfandrecht nach dem Verständnis dieser Lehrmeinung ein rein öffentliches Recht und daher in seinem Entstehen ausschließlich vom Bestand der hoheitlichen Verstrickung, nicht aber von den materiellen Voraussetzungen eines zivilrechtlichen Pfandrechtes abhängig ist[64]. So hat nach dieser Lehre die Pfändung ohne

---

[60] Der Vollstreckungsanspruch orientiert sich ausschließlich am Titel und nicht an der materiellen Forderung.

[61] Siehe statt aller: *Stein*, Grundfragen, S. 31 f.

[62] So die allgemeine Ansicht, siehe im einzelnen *Gaul*, AcP 173, 323 ff. (335); RGZ 104, 300 ff. (301); *Stein*, Grundfragen, S. 31; *Lent / Jauernig*, § 16 III A 2.

[63] Siehe statt aller: *Huber*, S. 59 bei Fn. 7, allerdings auch mit der hier anerkannten Einschränkung, daß Grundlage der Verwertung das Gesetz ist.

[64] Siehe statt aller: *Lüke*, JZ 55, 484 ff.

zugrundeliegende materielle Forderung Verstrickung, Verfügungsverbot und Pfändungspfandrecht zur Folge, während bei der Pfändung in schuldnerfremdes Vermögen das Verfügungsverbot entfällt. Verstrickung und Pfändungspfandrecht können auch in diesem Fall ungehindert bestehen.

Die Theorien unterscheiden sich also nur in der Frage, ob ein Pfändungspfandrecht entsteht oder nicht. So gravierend dieser Unterschied auch scheinen mag, im materiellen Endergebnis wirkt er sich nicht aus. Denn für die öffentlich-rechtliche Theorie besagt die Existenz des Pfändungspfandrechtes nichts über die materiell entscheidende Frage, ob der Vollstreckungsgläubiger den Erlös der Versteigerung behalten darf oder nicht. Für eine Beantwortung dieser Frage ist auch nach dieser Theorie die tatsächlich gegebene materielle Rechtslage entscheidend[65]. Da aber nach der öffentlich-rechtlichen Theorie das Pfändungspfandrecht Voraussetzung der Verwertung ist[66], führt der dogmatische Unterschied zwischen beiden Theorien auch in diesem Punkt in den genannten Beispielsfällen in der Praxis zu keinerlei unterschiedlichen Ergebnissen: Auch nach der öffentlich-rechtlichen Theorie ist der Gerichtsvollzieher in beiden Beispielsfällen berechtigt, die Zwangsvollstreckung weiter zu betreiben.

Als Ergebnis der vorangegangenen Untersuchung kann man also feststellen: Das Verfügungsverbot entsteht mit der Pfändung nur, wenn erstens die Pfändung wirksam war und zweitens der Gläubiger einen Vollstreckungsanspruch hatte. Daraus folgt, daß es möglich ist, daß die Pfändung neben der Verstrickung kein Verfügungsverbot bewirkt. Die Frage, ob die Pfändung neben der Verstrickung ein Pfändungspfandrecht bewirkt, muß gesondert betrachtet werden und hängt davon ab, welcher Pfändungspfandrechtstheorie man folgt. Die Frage, ob es entsteht, ist jedenfalls unabhängig von der Frage nach dem Verfügungsverbot zu beantworten. Es kann daher der Fall eintreten, daß eine Pfändung zwar ein Pfändungspfandrecht, aber kein Verfügungsverbot bewirkt und umgekehrt. Daraus folgt aber wiederum, daß die Sicherungsfunktion von Verfügungsverbot und Pfändungspfandrecht sich nicht in jedem Falle decken und die Annahme eines Verfügungsverbotes entgegen der Ansicht von Huber[67] auch in der Praxis sinnvoll ist.

---

[65] Dies erkennt sogar *Lüke*, JZ 55, 484 ff. an; a. A. allein *Böhm*, S. 88.

[66] Nach der Erkenntnis von *Huber*, S. 57 ff., insbesondere S. 59, daß Grundlage der Verwertung nur das Gesetz sein kann, müssen die Vertreter der öffentlich-rechtlichen Theorie ihre Ansicht dahingehend einschränken, daß das Pfändungspfandrecht zwar nicht Grundlage, sondern Voraussetzung der Verwertung ist.

[67] *Huber*, S. 54.

§ 12 Voraussetzungen für den Fortfall des Verfügungsverbotes und dessen Konsequenzen für die anderen Pfändungswirkungen, d. h. für Verstrickung und Pfändungspfandrecht

Das Verfügungsverbot als Beschlagnahmefolge kann entweder entfallen, weil seine Entstehungsvoraussetzungen in der Zwangsvollstreckung, nämlich wirksame Beschlagnahme und Vollstreckungsanspruch, in Fortfall geraten, oder weil die gesetzlichen Vorschriften, die generell das Verfügungsverbot im BGB regeln, ein solches Entfallen vorsehen.

I. Fälle, in denen die speziellen Voraussetzungen des Verfügungsverbotes in der Zwangsvollstreckung entfallen

Für diese erste Gruppe seien folgende Beispielsfälle genannt:

1. Die Freigabe der Pfandsache durch das Vollstreckungsorgan nach § 776 ZPO

Mit der Freigabe der Pfandsache durch das Vollstreckungsorgan entfallen nach § 776 1 ZPO alle Vollstreckungsmaßregeln, also auch die durch die Beschlagnahme entstandene Verstrickung[1]. Daß auf diese Weise nicht nur das Verfügungsverbot, sondern auch alle anderen Pfändungswirkungen zum Erlöschen kommen, ergibt sich von selbst.

2. Der nachträgliche Fortfall der Vollstreckbarkeit des Titels

Ein nachträglicher Fortfall der Vollstreckbarkeit des Titels kann bei der Vollstreckung aus lediglich für vorläufig vollstreckbar erklärten Titeln nach §§ 708 ff. ZPO eintreten.

a) Verbleib der Verstrickung

Wird im Berufungsurteil die Entscheidung zur Hauptsache des ersten Verfahrens aufgehoben, so entfällt nach § 717 I ZPO die Vollstreckbarkeit des ersten Urteils. Daraus folgt, daß gleichzeitig der Anspruch des Gläubigers gegen den Staat auf Vollstreckung aus dem ersten Urteil in das Schuldnervermögen entfällt. Da nun aber das Verfügungsverbot in der Zwangsvollstreckung die Existenz des Vollstreckungsanspruchs voraussetzt[2], muß es bei der nachträglichen Aufhebung eines vorläufig vollstreckbaren Urteils trotz bereits bewirkter Pfändung ent-

---

[1] Die Berechtigung zur Aufhebung der Zwangsvollstreckung ergibt sich aus § 775 ZPO.

[2] Siehe oben § 11 bei Fn. 30.

fallen[3]. Während in dem oben unter 1. erwähnten Fall der Aufhebung der Beschlagnahme neben dem Verfügungsverbot auch Verstrickung und Pfändungspfandrecht entfielen, bleibt in dem hier unter 2. erwähnten Fall die Verstrickung unberührt. Denn das Gesetz sieht vor, daß in diesem Fall die Zwangsvollstreckung ausdrücklich aufgehoben werden muß: § 776 i. V. m. § 775 Nr. 1 ZPO. Diese Vorschrift wäre überflüssig, wenn man davon ausginge, daß die Verstrickung automatisch mit dem Fortfall der vorläufigen Vollstreckbarkeit des ersten Urteils entfiele.

b) Verbleib des Pfändungspfandrechtes

Bei der Frage nach dem Schicksal des Pfändungspfandrechtes in diesem Falle muß nach den Pfändungspfandrechtstheorien unterschieden werden. Für die gemischt privat-öffentlich-rechtliche Theorie entscheidet sich die Frage ausschließlich nach der Existenz der materiellen Forderung. Durch den bloßen späteren[4] Wegfall der Vollstreckbarkeit des Urteils ändert sich bezüglich des Pfändungspfandrechtes bis zur Aufhebung aller Zwangsvollstreckungsmaßregeln nichts[5]. Nach der öffentlich-rechtlichen Theorie dagegen bleibt das Pfändungspfandrecht ohnehin bestehen, da es in seiner Existenz ausschließlich von der Verstrickung abhängt.

II. Fälle, in denen die Vorschriften des BGB über das Verfügungsverbot sein Entfallen vorsehen

Für diese zweite Gruppe seien folgende Beispiele genannt:

1. Der gutgläubige Erwerb der Pfandsache durch einen Dritten

a) Verbleib der Verstrickung im Falle des gutgläubigen Erwerbs

Die mißverständliche Äußerung *Lükes*[6], „die Verstrickung ist kein Recht im Sinne von § 936 BGB", hat dazu geführt, daß sich die Rechtslehre eingehender mit den Rechtsfolgen des gutgläubigen Erwerbs in der Zwangsvollstreckung befaßte[7]. Wenn bis zu diesem Zeitpunkt im

---

[3] Der Gläubiger ist nach Fortfall der Vollstreckbarkeit eines Titels auch nicht mehr schützenswert, da das Vollstreckungsorgan die Zwangsvollstreckungsmaßregeln ohnehin aufheben muß.

[4] Bei der Pfändung, der von Anfang an kein Titel zugrundeliegt, entsteht allerdings trotz materieller Forderung kein Pfändungspfandrecht, da hier die Pfändung nichtig ist.

[5] So auch *Huber*, S. 82 Fn. 18.

[6] *Lüke*, JZ 55, 484 ff. (486).

[7] Siehe die Äußerungen von *Gaul*, FamRZ 64, 165 ff. (167) und *Münzberg*, ZZP 78, 287 ff. (295 ff.).

Schrifttum das Problem des gutgläubigen Erwerbs in der Zwangsvollstreckung ausschließlich mit der Vorschrift des § 936 BGB gelöst wurde, so war zumindest seit dieser Äußerung Lükes klargestellt, daß die Anwendung des § 936 BGB nicht ausreicht, um die sich aus dem gutgläubigen Erwerb in der Zwangsvollstreckung ergebenden Probleme zu lösen. Es müssen nämlich zwei Rechtswirkungen auseinandergehalten werden: Der Eigentumserwerb an der Pfandsache als solcher, der sich nicht nach § 936 BGB, sondern nach §§ 135 II, 136 i. V. m. § 932 BGB vollzieht; und zum anderen der Untergang des Pfändungspfandrechtes, der sich nach § 936 BGB vollzieht. Wie Gaul[8] klargestellt hat, richten sich die Wirkungen des gutgläubigen Erwerbs, soweit es die Verstrikkung und das Verfügungsverbot betrifft, nach §§ 135 II, 136 BGB und lediglich soweit es um die Existenz des Pfändungspfandrechtes geht, nach § 936 BGB[9]. Daraus folgerte die herrschende Lehre, daß im Falle des gutgläubigen Erwerbs durch einen Dritten alle Pfändungswirkungen erlöschen; das Pfändungspfandrecht nach § 936 BGB und die Verstrickung nach §§ 135 II, 136 i. V. m. § 932 BGB[10, 11]. Betrachtet man die Konsequenz der herrschenden Lehre genauer, so müssen aber Bedenken an der Richtigkeit dieser Auffassung entstehen. Die herrschende Lehre hat nämlich auf diese Art und Weise eine Möglichkeit konstruiert mittels eines privaten Rechtsgeschäftes einen durch hoheitlichen Eingriff geschaffenen Rechtszustand zu vernichten. Außerdem führt diese Lehre zu einer ungerechtfertigten Ungleichbehandlung des ursprünglichen mit dem nachträglichen Dritteigentümer der Pfandsache: Der ursprüngliche Dritteigentümer besäße eine verstrickte, der nachträgliche Dritteigentümer eine verstrickungsfreie Sache. Doch nicht nur die Gegner dieser Lehre[12] melden aus den oben genannten Gründen Bedenken

---

[8] Gaul, FamRZ 64, 165 ff. (167) im Anschluß an die von Baur (2. Auflage), § 55 D III 1 getätigten Äußerungen zu dieser Frage.

[9] Siehe hierzu auch Münzberg, ZZP 78, 287 ff. (295 ff.).

[10] So die ganz herrschende Lehre: Baumbach / Lauterbach / Albers / Hartmann, § 804 Anm. 1 D; Münzberg, ZZP 78, 287 ff. (297); Gaul, FamRZ 64, 165 ff. (167): Lutz, S. 94 f.

[11] Folgt man allerdings konsequent dieser Ansicht der herrschenden Lehre, so zeigt sich, daß sich nunmehr der Schwerpunkt der Diskussion von der Vorschrift des § 936 BGB auf § 135 II BGB verlagert hat. Bejaht man mit der ganz herrschenden Lehre die Überwindung nicht nur des Verfügungsverbotes, sondern zugleich auch der Verstrickung über § 135 II BGB, so wird, wie P. Geib, S. 148, und ihm zustimmend Gaul, Rpfleger 71, 1 ff. (7 Fn. 71) zu Recht feststellen, die Frage nach § 936 BGB überflüssig, da das Pfändungspfandrecht ohnehin entfällt, wenn die Verstrickung beseitigt wird. Unabhängig von den zur Rechtsnatur des Pfändungspfandrechtes vertretenen Theorien ist nämlich Voraussetzung für dessen Bestehen die Existenz der Verstrickung.

[12] Seuffert / Walsmann, § 809 Bem. 2; Rudolph, ZZP 59, 239 ff. (247); Foerder, ZZP 53, 176 ff. (177); Wasner, ZZP 79, 113 ff. (116) und Stein / Jonas / Pohle bis zur 17. Aufl., § 804 Anm. II, bejahen allerdings die Fortdauer der Verstrickung, ohne auf die Frage des § 135 II BGB einzugehen.

gegen diese Lösung an, auch bei den Vertretern dieser Auffassung zeigt sich Unbehagen in bezug auf die Konsequenzen, die diese Lösung nach sich ziehen müßte[13]. Niemand geht so weit, dem Gerichtsvollzieher das Recht abzusprechen, die Zwangsvollstreckung weiter zu betreiben, wenn die Pfandsache wirksam an einen Dritten veräußert wurde und im Gewahrsam des Schuldners verblieben ist[14]. Dieses Ergebnis erscheint angesichts der Behauptung, daß die Verstrickung durch den gutgläubigen Erwerb untergehe, alles andere als konsequent. Ausschlaggebend für diese Inkonsequenz war wohl in erster Linie der Gedanke, daß der Gerichtsvollzieher nicht das geeignete Organ der Rechtspflege sei, um die Änderung der materiellen Rechtslage nachzuprüfen[15]; ihm müsse daher das *Recht* zugesprochen werden, die Zwangsvollstreckung weiter zu betreiben[16]. Wollte man ihm diese Berechtigung absprechen, so liefe der Gerichtsvollzieher entweder Gefahr, seine Amtspflicht gegenüber dem Vollstreckungsgläubiger zu verletzen, indem er die Zwangsvollstreckung einstellt, weil er fälschlich annimmt, ein Dritter habe die Sache wirksam erworben; oder er liefe Gefahr, widerrechtlich[17] das Eigentum des Dritten zu verletzen, wenn er trotz dessen wirksamen Eigentumserwerbs die Sache versteigert. Der Gerichtsvollzieher käme also — spricht man ihm die Berechtigung zum Weiterbetreiben der Zwangsvollstreckung ab — in eine ausweglose Situation, da er sich, gleichgültig wie er sich verhält, der Gefahr von Regreßansprüchen aussetzen würde[18]. Ob allerdings — unter der Voraussetzung, daß über § 135 II BGB auch die Verstrickung überwunden wird — das wünschenswerte Ergebnis, daß der Gerichtsvollzieher die Vollstreckung weiter betreiben darf, auch dogmatisch begründet wer-

---

[13] *Münzberg*, ZZP 78, 287 ff. (305). Auch *Gaul*, FamRZ 64, 165 ff. (167), der sich hier noch entschieden gegen eine Fortdauer der Verstrickung ausgesprochen hatte, tendiert neuerdings dahin, daß der erwerbende Dritte auf die Drittwiderspruchsklage zu verweisen ist. Siehe *Gaul*, Rpfleger 71, 1 ff. (7).

[14] *Münzberg*, ZZP 78, 287 ff. (303 ff.); *Rosenberg*, § 191 I 1 a; *Lent / Jauernig*, § 17 II; *Baumbach / Lauterbach / Albers / Hartmann*, § 808 Bem. 2 A; *Stein / Jonas / Münzberg*, § 808 Anm. I 1. Anders allerdings, wenn das Eigentum des Dritten offensichtlich ist. Zum Teil wird sogar dem Gerichtsvollzieher dann ein Verfolgungsrecht zuerkannt, wenn sich die Sache beim erwerbenden Dritten befindet. Ein solches Verfolgungsrecht des Gerichtsvollziehers könnte aber gegen Art. 13 GG verstoßen. Siehe zu diesem Streit, auf den hier nicht näher eingegangen werden soll: *Wasner*, ZZP 79, 113 ff. (116) mit weiteren Hinweisen und neuerdings A. *Blomeyer*, Festschrift für von Lübtow, S. 803 ff. (808 f.).

[15] Man geht sogar so weit, ihm die Überprüfung der materiellen Rechtslage zu verbieten.

[16] *Münzberg*, ZZP 78, 287 ff. (304 f.).

[17] Rechtmäßig ist der Eingriff des Staates in das Eigentum nur solange, wie die Voraussetzung für die Versteigerung (also entweder bloß Verstrickung oder aber Verstrickung und Pfändungspfandrecht) bestehen.

[18] Siehe hierzu *Münzberg*, ZZP 78, 287 ff. (303 f.).

den kann, scheint allerdings zweifelhaft. Zumeist wird — wie oben gesehen[19] — versucht, dieses *Recht* des Gerichtsvollziehers mit der Formalisierung des Zwangsvollstreckungsverfahrens zu begründen. Denn es ist dem Gerichtsvollzieher nicht zuzumuten, in einem derartig formalisierten Verfahren die Eigentumslage zu überprüfen[20]. Aber wenn diesem Argument auch inhaltlich beizupflichten ist, so kann doch der Konsequenz, die daraus gezogen wird, nicht gefolgt werden. Allein aus der Tatsache, daß dem Gerichtsvollzieher eine bestimmte Handlungsweise nicht zuzumuten ist, kann nicht das *Recht* erwachsen, anders zu handeln[21]. Eine unzumutbare Handlung bleibt nämlich immer noch rechtswidrig, wenn auch schuldlos.

aa) Lösungsweg Münzbergs

Münzberg[22], der sich eingehend mit diesem Fragenkreis beschäftigt hat, sieht denn auch das Unbefriedigende an dieser Konstruktion klar. Auch er geht von der Behauptung aus, daß über § 135 II BGB die Verstrickung überwunden werde, will aber — im Einklang mit der herrschenden Lehre — erreichen, daß der Gerichtsvollzieher weiter vollstrecken darf. Er sieht allerdings, daß das Wort von der „Formalisierung der Zwangsvollstreckung" kein Allheilmittel ist, mit dem man sogar *Rechte* des Gerichtsvollziehers begründen kann[23]. Seiner Ansicht nach ist eine Lösung dieses Problems nur möglich, wenn man die materiell-rechtlichen Wirkungen des Gutglaubensschutzes mit Rücksicht auf die unverzichtbaren Anforderungen des Vollstreckungsverfahrens „vorläufig modifiziert"[24], d. h., nicht den sofortigen Untergang des Pfändungspfandrechtes[25] und der Verstrickung annimmt, sondern dem gutgläubigen Erwerber lediglich ein Recht auf formelle Beseitigung der Verstrickung und des Pfändungspfandrechtes einräumt, das er im Wege der Drittwiderspruchsklage nach § 771 ZPO durchsetzt[26]. Ob dies allerdings „eine dogmatisch befriedigende Lösung des Problems"[27] ist, scheint doch zweifelhaft. Münzberg argumentiert nämlich

---

[19] Siehe hierzu § 12 II 1 a bei Fn. 15.

[20] Siehe nur *Lent / Jauernig*, § 17 II und *Rosenberg*, § 191 I 1 a.

[21] Ein Recht auf Weiterbetreibung der Zwangsvollstreckung kann nur dann gegeben sein, wenn die Voraussetzungen der Versteigerung, nämlich die Verstrickung und je nach Theorie auch das Pfändungspfandrecht, noch vorliegen.

[22] *Münzberg*, ZZP 78, 287 ff. (298 ff.).

[23] *Münzberg*, ZZP 78, 287 ff. (305).

[24] *Münzberg*, ZZP 78, 287 ff. (305).

[25] *Münzberg* geht von der öffentlich-rechtlichen Theorie aus, daher ist für ihn das Pfändungspfandrecht bereits bei der Frage nach der Verwertungsbefugnis wichtig.

[26] *Münzberg*, ZZP 78, 287 ff. (305).

[27] Als solche bezeichnet sie allerdings *Münzberg*, ZZP 78, 287 ff. (305).

lediglich vom Ergebnis her, wenn er die aus seiner Sicht notwendige Konsequenz[28] — den Fortfall der Verstrickung über § 135 II BGB — „vorläufig modifiziert", weil es nicht in den Rahmen der Zwangsvollstreckung paßt.

bb) Lösungsweg Lükes

Konsequenter führt der — von Münzberg allerdings abgelehnte[29] — Vorschlag von *Lüke*[30] zu dem erwünschten Ergebnis. Er lehnt eine Anwendung der Gutglaubensvorschriften in der Zwangsvollstreckung, also auch die Anwendung des § 135 II BGB, ab, so daß Verstrickung und Pfändungspfandrecht weiter bestehen und der Gerichtsvollzieher daher auch die Zwangsvollstreckung in die Sache weiter betreiben darf[31]. Daß unter dieser Voraussetzung der erwerbende Dritte auf die Erhebung der Drittwiderspruchsklage nach § 771 ZPO zu verweisen ist, wenn er die Sache freibekommen will, ergibt sich von selbst[32]. Wenn auch die Klarheit der Begründung von Lüke zunächst besticht, so zeigt sich doch bald, daß sie an der Wertung, die der Gesetzgeber gerade in dem Fall der Überwindung des Verfügungsverbotes nach § 135 II BGB getroffen hat, scheitern muß. Lüke[33] begründet nämlich seine Ansicht, daß die Gutglaubensvorschriften in der Zwangsvollstreckung nicht anwendbar seien, im Falle des Verfügungsverbotes damit, daß anderenfalls ein durch hoheitlichen Eingriff geschaffener Rechtszustand durch privatrechtliches Rechtsgeschäft zunichte gemacht werden könnte. Wenn man auch Lüke zugeben muß, daß dies grundsätzlich nicht der Fall sein darf, so zwingt dies doch nicht, eine Anwendung des § 135 II BGB auf das Verfügungsverbot in der Zwangsvollstreckung abzulehnen. Denn im Falle des behördlichen oder gerichtlichen Verfügungsverbotes hat das Gesetz, indem es den § 135 II BGB auf § 136 BGB für anwendbar erklärte, eine Ausnahme von diesem Grundsatz geregelt. Wenn es auch zutrifft, daß eine durch ein gerichtliches oder behördliches Verfügungsverbot geschaffene Verfügungsbeschränkung einen durch hoheitlichen Zugriff geschaffenen — allerdings auf dem Gebiete des Privatrechts liegenden — Rechtszustand darstellt, so hat der Gesetzgeber die Vorschrift des § 135 II BGB doch ausdrücklich auf einen derartigen Hoheitsakt zugeschnitten[34]. Die Ablehnung der Anwendung des

---

[28] Nach der Auffassung von *Münzberg* ist das Schicksal von Verstrickung und Verfügungsverbot untrennbar miteinander verbunden.

[29] *Münzberg*, ZZP 78, 287 ff. (298 ff.).

[30] *Lüke*, JZ 55, 484 ff. (486); Diss., S. 46.

[31] *Lüke*, JZ 55, 484 ff. (486); Diss., S. 46.

[32] Nur *Böhm*, S. 88, zieht hier eine andere Konsequenz; siehe aber auch *Martin*, S. 247/248 Fn. 22.

[33] *Lüke*, JZ 55, 484 ff. (486).

[34] Siehe *Münzberg*, ZZP 78, 287 ff. (298).

§ 135 II BGB steht daher im Gegensatz zu der Wertung, die der Gesetzgeber in diesem Fall getroffen hat. Betrachtet man die Argumentation
Lükes genauer, so zeigt sich auch, daß er die Anwendung des § 135 II
BGB nicht deshalb ablehnt, weil er dem Verfügungsverbot Bestand
verleihen will, sondern weil er einen Untergang der Verstrickung im
Falle des gutgläubigen Erwerbs verhindern möchte. Lüke hat wohl
auch nur an den Zustand der Verstrickung gedacht, als er sagte, daß ein
durch einen hoheitlichen Eingriff geschaffener Rechtszustand nicht
durch privates Rechtsgeschäft zunichte gemacht werden könnte. Denn
Lüke geht genau wie Münzberg[35] und mit ihm die herrschende Lehre[36]
von der These aus, daß Verfügungsverbot und Verstrickung das gleiche
Schicksal haben, so daß ein Fortfall des Verfügungsverbotes auch den
Fortfall der Verstrickung bedeuten würde.

cc) Eigener Lösungsvorschlag

In dieser Arbeit wurde bereits mehrfach dargelegt[37], daß aber Verfügungsverbot und Verstrickung nicht notwendig das gleiche Schicksal
teilen. Das Verfügungsverbot ist weder Inhalt noch Wirkung der Verstrickung, sondern eine neben der Verstrickung eintretende selbständige
Beschlagnahmewirkung. Die Verstrickung fällt also nicht fort, wenn
das Verfügungsverbot, das lediglich der Sicherung des Verstrickungszustandes dient, dem gutgläubigen Erwerb weichen muß. Ihr wohnt
ein über das Verfügungsverbot hinausgehender „Selbstzweck"[38] inne;
sie ist zumindest eine[39] der Voraussetzungen für die Versteigerung.
Erwirbt also ein Dritter gutgläubig die gepfändete Sache, so erhält er

---

[35] Siehe *Münzberg*, ZZP 78, 287 ff. (298 f.).

[36] *Stein / Jonas / Münzberg*, § 803 Anm. II 1 a; *Baumbach / Lauterbach /
Albers / Hartmann*, § 804 Anm. 1 D; *Seuffert / Walsmann*, § 809 Bem. 3;
Wieczorek, Anm. C II a 7 zu § 809.

[37] Siehe oben § 10 bei Fn. 19.

[38] Siehe auch *A. Blomeyer*, Festschrift für von Lübtow, S. 803 ff. (823 ff.);
anders noch *Gaul*, FamRZ 64, 165 ff. (167); siehe allerdings zuletzt *Gaul*,
Rpfleger 71, 1 ff. (7), wo er von dieser Ansicht abweicht und nur noch
offenläßt, ob die Verstrickung vorläufig oder gar unvermindert weiter
besteht, wenn das Verfügungsverbot dem guten Glauben weichen muß. Dies
ist allerdings nicht zu verwechseln mit der anderen Frage, ob die Zwangsvollstreckung generell einen Selbstzweck verfolgt oder ob sie — wie *Gaul*,
Rpfleger 71, 1 ff. (7) zu Recht bemerkt — lediglich der Befriedigung des
Gläubigers dient.

[39] Zwar reicht nach der gemischt privat-öffentlich-rechtlichen Theorie
bereits die Existenz der Verstrickung aus, um die Berechtigung zur Weiterführung der Zwangsvollstreckung zu bejahen. Für die öffentlich-rechtliche
Theorie muß dagegen die Existenz des Pfändungspfandrechtes hinzukommen.
Da aber nach dieser Theorie das Pfändungspfandrecht nur nach Maßgabe
der Verstrickung entsteht, ist für sie die Tatsache, daß die Verstrickung
nicht durch den gutgläubigen Erwerb überwunden werden kann, zwar
noch nicht endgültige Begründung, für die Berechtigung zur Weiterführung
der Zwangsvollstreckung aber doch zumindest eine der erforderlichen Voraussetzungen. Über das Schicksal des Pfändungspfandrechtes im gutgläubigen
Erwerb siehe weiter unten § 12 II 1 b.

zwar nach §§ 135 II, 136 i. V. m. § 932 BGB vollwirksam Eigentum; die Verstrickung bleibt aber weiter bestehen. Der nachträgliche Dritteigentümer besitzt genau wie der ursprüngliche Dritteigentümer eine verstrickte Sache. Die Begründung für dieses — von allen Seiten[40] — erwünschte Ergebnis liegt aber weder in einer Nichtanwendung des § 135 II BGB[41] noch in einer vorläufigen Modifizierung der Anwendung des § 135 II BGB auf die Verstrickung[42], sondern einzig und allein in der Tatsache, daß die Anwendung des § 135 II BGB nur Rechtsfolgen für das Verfügungsverbot, nicht aber für die Verstrickung nach sich zieht. Verstrickung und Verfügungsverbot sind nämlich selbständig nebeneinander bestehende Wirkungen der Beschlagnahme[43]. Aufgrund des Weiterbestehens der Verstrickung hat daher der Gerichtsvollzieher jedenfalls nach der gemischt privat-öffentlich-rechtlichen Theorie ein *Recht* auf Weiterbetreibung der Zwangsvollstreckung; nach der öffentlich-rechtlichen Theorie muß noch die Existenz des Pfändungspfandrechtes hinzukommen.

b) Wirkungen des gutgläubigen Erwerbs auf das Pfändungspfandrecht

Das hier gefundene Ergebnis, daß nämlich der gutgläubige Erwerb der Pfandsache durch einen Dritten die Verstrickung nicht zu überwinden vermag, zwingt zu der weiteren Untersuchung der Frage, was in diesem Fall mit dem Pfändungspfandrecht geschieht[44]. Diese Frage muß für die einzelnen Pfändungspfandrechtstheorien gesondert beantwortet werden.

aa) Lösung nach der gemischt privat-öffentlich-rechtlichen Theorie

Für die Vertreter der gemischt privat-öffentlich-rechtlichen Theorie wirft die Frage nach den Wirkungen des gutgläubigen Erwerbs auf

---

[40] *Münzberg,* ZZP 78, 287 ff. (305); *Lüke,* JZ 55, 484 ff. (486); *Seuffert / Walsmann,* § 809 Bem. 2; *Rudolph,* ZZP 59, 239 ff. (247); *Foerder,* ZZP 53, 117; *Wasner,* ZZP 79, 113 ff. (116).

[41] So aber *Lüke,* JZ 55, 484 ff. (486).

[42] *Münzberg,* ZZP 78, 287 ff. (305 ff.).

[43] *P. Geib,* S. 149, bezeichnet diese Möglichkeit des Auseinanderfallens von Verstrickung und Verfügungsverbot als die Lösung, die einzig in der Lage ist, „vollstreckungsrechtliche Inkonsequenzen aus einer Anwendung der §§ 135, 136 BGB auf die Vollstreckung zu vermeiden". Da er aber gleichzeitig der Ansicht ist, das Verfügungsverbot sei „die Rückseite der Verstrickung und damit ihre Wirkung" (S. 16), ist es nicht recht erklärlich, wie er von diesem Ausgangspunkt zu dem oben genannten Ergebnis kommen kann. Siehe hierzu auch die Kritik von *Gaul,* FamRZ 72, 533 ff. (536).

[44] Würde man allerdings eine Überwindung der Verstrickung über § 135 II BGB annehmen, so wäre die Frage nach dem Verbleib des Pfändungspfandrechtes im gutgläubigen Erwerb entbehrlich, da für seine Existenz unabhängig vom Theorienstreit wenigstens die Verstrickung erforderlich ist. Siehe *Lutz,* S. 107 f.; *P. Geib,* S. 148 und *Gaul,* Rpfleger 71, 1 ff. (7).

das Pfändungspfandrecht kein Problem auf. Da das Pfändungspfandrecht ihrer Ansicht nach ein privates Recht ist, muß es nach § 936 BGB
dem gutgläubigen Erwerb weichen[45]. Für die gemischt privat-öffentlich-rechtliche Theorie führt also der gutgläubige Erwerb in der
Zwangsvollstreckung sowohl zum Fortfall des Verfügungsverbotes als
auch des Pfändungspfandrechts, nicht aber zum Fortfall der Verstrikkung. Der nachträgliche Dritterwerber befindet sich nach dieser Theorie
also in derselben Position wie der ursprüngliche Dritteigentümer; er besäße eine lediglich verstrickte Sache. Da aber nach dieser Theorie die
Verstrickung einzige Voraussetzung der Pfandverwertung ist, ist der
Gerichtsvollzieher solange berechtigt, die Zwangsvollstreckung weiter
zu betreiben, bis der Dritte diese im Wege der Drittwiderspruchsklage
nach § 771 ZPO beendet. Die Erkenntnis, daß die Verstrickung auch im
Fall des gutgläubigen Erwerbs Bestand hat, führt also für die gemischt
privat-öffentlich-rechtliche Theorie zu durchaus sachgerechten Ergebnissen.

bb) Lösung nach der öffentlich-rechtlichen Theorie

Vom Standpunkt der öffentlich-rechtlichen Theorie scheint die Erkenntnis, daß die Verstrickung nicht durch einen gutgläubigen Dritterwerb überwunden wird, zu einem unlösbaren Konflikt zweier Grundsätze dieser Theorie zu führen; auf der einen Seite mit dem Grundsatz
daß Verstrickung und Pfändungspfandrecht das gleiche Schicksal er-
leiden[46], und auf der anderen Seite mit dem Grundsatz, daß auch auf
das hoheitlich verstandene Pfändungspfandrecht § 936 BGB anzuwenden ist[47]. Wendet man nämlich § 936 BGB auf das Pfändungspfandrecht
an, so würde es im Falle des gutgläubigen Erwerbs der gepfändeten
Sache durch einen Dritten fortfallen und — nach dem Grundsatz, daß
die Verstrickung untrennbar mit dem Pfändungspfandrecht verbunden
ist — die Verstrickung mit sich ziehen, so daß auch sie entfiele. Dies
würde aber zu dem abzulehnenden Ergebnis führen, daß ein privates
Rechtsgeschäft einen Staatshoheitsakt beseitigen kann[48].

aaa) Lösungsweg Lükes und Martins

Lüke[49] und Martin[50] suchen dieses Problem in der Weise zu lösen,
daß sie die Vorschrift des § 936 BGB in der Zwangsvollstreckung für
nicht anwendbar erklären. Dies begründen sie nicht mit der Annahme,
daß das Pfändungspfandrecht kein Recht im Sinne von § 936 BGB sei,

---

[45] *Schönke / Baur,* § 25 III 3; *Gaul,* Rpfleger 71, 1 ff. (7).
[46] *Stein / Jonas / Münzberg,* § 804 Anm. IV; *P. Geib,* S. 147.
[47] *Münzberg* in ZZP 78, 287 ff. (299 ff.); *Baumbach / Lauterbach / Albers /
Hartmann,* § 804 Bem. I B.
[48] *P. Geib,* S. 149.
[49] *Lüke,* JZ 55, 484 ff. (486).
[50] *Martin,* S. 274.

sondern sie begründen dieses Ergebnis ausschließlich über eine Bewertung der Interessenlage. Sie stellen das Vertrauen in die staatliche Rechtspflege über den allgemeinen Verkehrsschutz[51]. Es geht Lüke und Martin also nur darum, festzustellen, daß bei dem Pfändungspfandrecht eine Ausnahme von der an sich anzuwendenden Regel des § 936 BGB gemacht werden müsse. Die Konstruktion einer solchen Annahme widerspricht aber der ausdrücklich im Gesetz getroffenen Wertung[52]. Es ist gerade der Vorteil der Regelung der Gutglaubensvorschriften, daß hier im Interesse des Verkehrsschutzes eine allgemeingültige Regelung getroffen worden ist[53]. Die Anwendung der von Lüke und Martin vertretenen Auffassung müßte in letzter Konsequenz dazu führen, daß bei jeder Gutglaubensvorschrift zu überprüfen wäre, ob nicht im speziellen Fall die Bewertung der Interessenlage zu einem anderen als dem gesetzlich bestimmten Ergebnis führt. Damit wären aber die §§ 932 ff. BGB nur noch als eine Art Generalklausel im Sinne von § 242 BGB brauchbar.

bbb) Eigener Lösungsvorschlag

Wenn also in diesem Zusammenhang mit dem Lösungsversuch Lükes nicht gearbeitet werden kann, so bleibt zu prüfen, ob das Pfändungspfandrecht nach dem Verständnis der öffentlich-rechtlichen Theorie überhaupt ein Recht im Sinne von § 936 BGB ist. Zwar hat Münzberg[54], der sich im Anschluß an Lüke eingehend mit dieser Frage befaßt hat, es ausdrücklich begrüßt, daß Lüke sich nicht dieses formalen Argumentes bedient habe, da § 936 BGB zu seiner Anwendung nicht erfordere, daß es sich um ein Pfandrecht üblicher Art oder überhaupt um eine Belastung im Sinne des Bürgerlichen Rechtes handeln müsse. Aber wenn diese Auslegung des § 936 BGB auch zutrifft[55], so bleibt doch ein Erfordernis für die Anwendung des § 936 BGB bestehen. § 936 BGB verlangt nämlich die *Belastung* einer Sache. Damit ergibt sich dann die Frage, ob das Pfändungspfandrecht, wie es die öffentlich-rechtliche Theorie versteht, überhaupt eine derartige Belastung ist. Das kann nur durch einen Vergleich mit den sonstigen Anwendungsfällen des § 936 BGB geklärt werden. Beispiele für die Anwendung des § 936 BGB sind: Pfandrecht, Nießbrauch, Anwartschaft, das Verfolgungsrecht nach § 44 KO, etc.[56]. Es handelt sich also stets um solche Rechte, an der (oder

---

[51] *Lüke*, JZ 55, 484 ff. (487); *Martin*, S. 191 Fn. 24.

[52] Siehe hierzu die Kritik von *Gaul*, Rpfleger 71, 1 ff. (7) und *Münzberg*, ZZP 78, 287 ff. (299 ff.). Eine ganz andere Frage ist es, ob die grundsätzliche Interessenbewertung, die der Gesetzgeber mit den §§ 932 ff. BGB getroffen hat, noch den heutigen Anforderungen entspricht. Eine andere Bewertung kann aber nur aufgrund einer Gesetzesänderung geschehen.

[53] *Münzberg*, ZZP 78, 287 ff. (299 ff.).

[54] *Münzberg*, ZZP 78, 287 ff. (299).

[55] *Soergel / Mühl*, § 936 Rn. 3; *Staudinger / Berg*, § 936 Rn. 13 - 15.

[56] *Soergel / Mühl*, § 936 Rn. 3; *Palandt / Degenhardt*, § 936 Anm. 1.

auf die) Sache, die für den Fall, daß der Berechtigte sie geltend macht, zur Folge haben, daß das von dem Dritten erworbene Eigentum endgültig geschmälert wird. Der neue Eigentümer könnte sich — wenn die Rechte entgegen § 936 BGB weiter bestünden — gegen die Durchsetzung dieser Rechte nicht wehren. Daraus folgt aber, daß alle diese Belastungen, auf die § 936 BGB sich bezieht, für den Berechtigten Rechte sind, die ihn — wenn es den § 936 BGB nicht gäbe — berechtigen würden, auf die von dem neuen Eigentümer erworbenen Sachen zuzugreifen, ohne daß der neue Eigentümer den dadurch für ihn eintretenden Rechtsverlust verhindern könnte[57]. Das Pfändungspfandrecht müßte also, damit es als ein „Recht" im Sinne von § 936 BGB angesehen werden kann, bei seiner Geltendmachung zu einer endgültigen Einschränkung des Eigentums des erwerbenden Dritten führen, ohne daß dieser sich dagegen wehren könnte.

Es muß also untersucht werden, ob das Pfändungspfandrecht nach dem Verständnis der öffentlich-rechtlichen Theorie eine derartige Belastung darstellt. Dies kann nur anhand der einzelnen Funktionen des Pfändungspfandrechtes geprüft werden. Das Pfändungspfandrecht hat nach dem Verständnis der Vertreter der öffentlich-rechtlichen Theorie nur Rang- und Verwertungsfunktion[58]. Ihm fehlt die für das bürgerlich-rechtliche Pfandrecht typische Sicherungsfunktion[59], und es hat *keine* Bedeutung für die Frage, ob der Gläubiger den Versteigerungserlös behalten darf[60]. Es muß also untersucht werden, ob die Rang- und Verwertungsfunktion das Pfändungspfandrecht auch nach der öffentlich-rechtlichen Theorie zu einer Belastung im Sinne von § 936 BGB werden lassen. Diese Prüfung führt zuerst zu dem Ergebnis daß die Rangfunktion in diesem Zusammenhang bedeutungslos ist. Sie wirkt nämlich nur im Verhältnis mehrerer Vollstreckungsgläubiger untereinander und nicht im Verhältnis Vollstreckungsgläubiger-Schuldner. Sie kann demnach auch keine Belastung des Eigentums des Dritten darstellen. Aber auch die Verwertungsfunktion ist allein nicht in der Lage, das Pfändungspfandrecht nach der öffentlich-rechtlichen Theorie zu einer Belastung im Sinne des § 936 BGB zu machen. Zwar berechtigt die Verwertungsfunktion des Pfändungspfandrechtes nach Ansicht der Vertreter dieser Theorie den Gerichtsvollzieher, die Zwangs-

---

[57] So z. B. beim Pfandrecht. Gesetzt den Fall, § 936 BGB würde bei der Übereignung der Pfandsache keine Anwendung finden, so könnte der neue Eigentümer sich nicht dagegen wehren, wenn der Pfandgläubiger die Pfandsache bei Pfandreife versteigert.

[58] *Martin*, S. 96 ff.

[59] *Martin*, S. 109; inkonsequent deshalb *Münzberg* u. a., die § 1227 BGB analog anwenden. Vgl. hierzu die Kritik von *Henckel*, S. 326 f., und *Gaul*, Rpfleger 71, 1 ff. (6 zu Anm. 67).

[60] Anders im Ergebnis jetzt *Böhm*, S. 95 f., der materielle Ausgleichsansprüche für grundsätzlich ausgeschlossen hält.

vollstreckung weiter zu betreiben[61]. Aber selbst diese durch das Pfändungspfandrecht verursachte Gefährdung des Eigentums reicht nicht aus, um das Pfändungspfandrecht als ein Recht im Sinne des § 936 BGB einzuordnen. Denn der neue Eigentümer kann sich, auch wenn das Pfändungspfandrecht trotz gutgläubigen Erwerbs der Sache weiterbesteht, gegen die Durchsetzung dieses Rechtes durch den Gläubiger, also gegen die Verwertung der Pfandsache, wehren[62]; eine Möglichkeit, die bei Belastungen im Sinne des § 936 BGB nicht gegeben wäre[63]. Dem neuen, durch gutgläubigen Erwerb zum Eigentümer gewordenen Dritten steht nämlich, da er nach § 135 II i. V. m. § 932 BGB vollwirksam Eigentum erworben hat, aufgrund dieses, die Veräußerung hindernden Rechtes jedenfalls die Drittwiderspruchsklage nach § 771 ZPO zu, wenn der Gerichtsvollzieher die Pfandsache nicht schon auf Geheiß des Gläubigers ohne Klage freigibt, soweit dieser sich von der Redlichkeit des Erwerbs überzeugt hat[64].

Man kann auch nicht sagen, allein die Tatsache, daß der Dritte im Regelfall die Drittwiderspruchsklage erheben müsse, stelle schon eine Belastung im Sinne von § 936 BGB dar. In den Fällen, in denen § 936 BGB Anwendung findet, wie z. B. einer Anwartschaft, kommt es nämlich im Regelfall auch zu einem Prozeß, in dem die Frage der Gutgläubigkeit des Erwerbs geklärt werden muß. Bei diesem Prozeß würde es sich allerdings je nach Sachverhalt um eine Leistungs- oder Feststellungsklage handeln. Der einzige Unterschied für den erwerbenden Dritten bei der Drittwiderspruchsklage oder einer solchen Leistungs- oder Feststellungsklage bestände in der Verteilung der Beweislast. Während bei der Drittwiderspruchsklage der Dritte beweisen muß, daß er in gutem Glauben gehandelt hat[65], trägt bei der gewöhnlichen Leistungs- und Feststellungsklage derjenige die Beweislast, der sich auf die Bösgläubigkeit des Erwerbs beruft[66]. Diese Verteilung der Beweislast läßt denjenigen, der die Drittwiderspruchsklage erheben müßte, ein größeres Prozeßrisiko eingehen als den Dritten, der im gewöhnlichen Leistungs- oder Feststellungsverfahren die von ihm gutgläubig erworbene Sache freiklagt. Diese für den Erwerber ungünstig

---

[61] Nach der öffentlich-rechtlichen Theorie ist ja das Pfändungspfandrecht und nicht die Verstrickung Voraussetzung der Verwertung.

[62] Die Möglichkeit zur Drittwiderspruchsklage hängt nicht vom Fortfall des Pfändungspfandrechtes ab.

[63] Siehe oben § 12 II 1 b bb bbb bei Fn. 56.

[64] Daß der sich auf den gutgläubigen Erwerb berufende Dritte unmittelbar vor dem Vollstreckungsorgan kein Gehör finden wird, ist *Gaul*, Rpfleger 71, 1 ff. (7), zuzugeben. Es ist aber auch der Fall denkbar, daß der Dritte sich an den Gläubiger wendet und dieser den Gerichtsvollzieher anweist, die Sache freizugeben.

[65] Dies geht z. B. bei *Stein / Jonas / Münzberg* aus Anm. V zu § 771 hervor.

[66] *Soergel / Mühl*, § 932 Rn. 23.

verteilte Beweislast in § 771 ZPO reicht aber nicht aus, um das Pfändungspfandrecht als eine Belastung im Sinne von § 936 BGB anzusehen, da sie keine dem Pfändungspfandrecht anhaftende Beschränkung des Erwerbers ist, sondern durch die Gesamtstruktur des Prozeß-
rechtes bestimmt wird. Selbst wenn man auf das Pfändungspfandrecht
auch nach dieser Theorie § 936 BGB anwenden würde, so bliebe die
einzige Möglichkeit, die Sache freizubekommen, die Drittwiderspruchsklage nach § 771 ZPO. Dem gutgläubigen Erwerber in der Zwangsvollstreckung kann daher nie die günstige Beweisverteilung der Klage nach
§ 985 i. V. m. § 936 BGB zugutekommen. Auf das Pfändungspfandrecht
kann daher nach der öffentlich-rechtlichen Theorie § 936 BGB *nicht*
angewandt werden. Allerdings heißt das, im Gegensatz zu der von
Lüke[67] und Martin[68] vertretenen Auffassung nicht, daß bezüglich des
Pfändungspfandrechtes eine Ausnahme von der in § 936 BGB getroffenen Wertung gemacht werden muß, sondern daß das Pfändungspfandrecht nach dieser Theorie kein Recht im Sinne von § 936 BGB
ist[69].

So kann im Ergebnis für die öffentlich-rechtliche Theorie festgestellt
werden, daß ein nachträglicher gutgläubiger Erwerb der Pfandsache
weder die Verstrickung noch das Pfändungspfandrecht berührt, sondern daß lediglich das Verfügungsverbot fortfällt[70]. Die Rechtslage
entspricht also der Rechtslage, wie sie bei der Pfändung ursprünglichen
Dritteigentums bestehen würde. Der Dritte besitzt eine verstrickte und
nach dieser Theorie mit einem Pfändungspfandrecht „belastete" Sache.
Da nach dieser Theorie das Pfändungspfandrecht Voraussetzung der
Verwertung ist, kann in beiden Fällen, dem des ursprünglichen wie
dem des nachträglichen Dritteigentums, der Gerichtsvollzieher die Verwertung betreiben, es sei denn, der Dritte der nach § 135 II i. V. m.
§ 932 BGB vollwirksam Eigentum erlangt hat, erhebt die Drittwiderspruchsklage nach § 771 ZPO. Auch für die öffentlich-rechtliche Theorie
führt also die hier entwickelte Ansicht, daß die Verstrickung nicht durch

---

[67] *Lüke,* JZ 55, 484 (486).

[68] *Martin,* S. 274.

[69] Die Bewertung des Pfändungspfandrechtes nach öffentlich-rechtlicher
Theorie als ein Recht i. S. v. § 936 BGB stellt eine ähnliche Inkonsequenz
dar, wie die Anwendung von § 1227 BGB auf das rein publizistisch verstandene Pfändungspfandrecht. Siehe hierzu die Kritik von *Gaul,* Rpfleger 71,
1 ff. (6 zu Anm. 67) und *Henckel,* S. 326 f.

[70] So im Ergebnis auch *P. Geib,* S. 149, der allerdings meint, über § 936
BGB werde zwar nicht das Pfändungspfandrecht, wohl aber die materielle
Befriedigungsbefugnis wegerworben. Diese Unterscheidung ist aber wohl
selbst nach der öffentlich-rechtlichen Theorie überflüssig, denn das Recht
des Dritten zur Erhebung der Drittwiderspruchsklage oder aber auf Heraus-
gabe des Versteigerungserlöses nach § 812 BGB, folgt ausschließlich aus der
Tatsache, daß der Dritte nach § 135 II i. V. m. § 932 BGB vollwirksam
Eigentum erlangt hat.

einen gutgläubigen Dritterwerb überwunden wird, zu durchaus sachgerechten Ergebnissen.

Abschließend kann zum Fall des gutgläubigen Erwerbs der Pfandsache durch einen Dritten festgestellt werden, daß nach § 135 II i. V. m. § 932 BGB das Verfügungsverbot fortfällt. Dieses Entfallen des Verfügungsverbotes hat aber keine unmittelbare Wirkung auf den Fortbestand der Verstrickung, da Verstrickung und Verfügungsverbot voneinander unabhängige Wirkungen der Pfändung sind. Folgt man der gemischt privat-öffentlich-rechtlichen Theorie vom Pfändungspfandrecht, so entfällt zusätzlich das Pfändungspfandrecht. Auf das Pfändungspfandrecht nach öffentlich-rechtlicher Theorie kann dagegen § 936 BGB nicht angewandt werden, da es kein Recht im Sinne von § 936 BGB ist. Dieses unterschiedliche Ergebnis wirkt sich aber nicht auf die Frage aus, ob der Gerichtsvollzieher die Sache versteigern darf[71]: Nach der gemischt privat-öffentlich-rechtlichen Theorie berechtigt ihn hierzu allein die Verstrickung und nach der öffentlich-rechtlichen Theorie das Pfändungspfandrecht. Der Gerichtsvollzieher kann also in jedem Falle die Pfandsache verwerten.

2. Der Verzicht des Gläubigers auf sein Verfügungsverbot und die Wirkungen dieses Verzichtes auf die anderen Pfändungsfolgen

Das durch die Pfändung bewirkte Verfügungsverbot kann nicht nur durch den gutgläubigen Erwerb der Pfandsache durch einen Dritten nach § 135 II BGB wirkungslos werden, sondern auch durch einen Verzicht des Gläubigers auf diesen ihm vom Staat gewährten Schutz[72]. Diese Möglichkeit hat der Gesetzgeber gesehen und ausdrücklich nicht nur für das gesetzliche, sondern auch für das behördliche und gerichtliche Verfügungsverbot gebilligt[73]. Daß diese Möglichkeit nicht ausdrücklich in das Gesetz aufgenommen ist, liegt daran, daß der Gesetzgeber dies für selbstverständlich erachtet hat. Ein solcher Verzicht verstößt auch nicht gegen den oben[74] festgestellten Grundsatz, daß ein durch staatlichen Hoheitsakt geschaffener Rechtszustand nicht durch ein privatrechtliches Rechtsgeschäft aufgehoben werden kann. Der durch diesen Hoheitsakt geschaffene Zustand ist privatrechtlicher

---

[71] Ob man dem Gerichtsvollzieher ein Verfolgungsrecht gegenüber dem erwerbenden Dritten, der die weiterhin verstrickte Sache auch im Gewahrsam hat, zubilligt, hängt allerdings von der hier nicht näher zu erörternden Frage ab, ob ein solches Verfolgungsrecht gegenüber dem Dritten mit Art. 13 GG zu vereinbaren ist. Siehe § 12 II 1 a bei Fn. 17.

[72] *Gerhardt*, Gläubigeranfechtung, S. 150 f.; *Staudinger / Coing*, § 135 Rn. 5; *Motive* zum BGB, AT, S. 212; *RGRK / Krüger-Nieland*, § 135 Anm. 2, wobei es streitig ist, ob auf diesen Verzicht die Regeln über die Zustimmung nach § 182 BGB anwendbar sind.

[73] *Motive* zum BGB, AT, S. 212.

[74] Siehe oben § 12 II 1 a bei Fn. 10, 11.

Art und daher nach Privatrecht zu beurteilen[75]. Die Möglichkeit, daß
der Gläubiger auf das ihn begünstigende Verfügungsverbot verzichten
kann, hat Bedeutung im Zusammenhang mit dem weitergehenden
Problem, ob der Gläubiger seinerseits auf eine Beendigung der Zwangsvollstreckung in bestimmte Gegenstände hinwirken kann. Diese Frage
hat unter dem Stichwort „Freigabe des Gläubigers" einen größeren
Raum in der Literatur eingenommen.

a) Unmittelbare Wirkung der Freigabeerklärung
auf die Verstrickung

aa) Ansicht der herrschenden Lehre

Angesichts dieser Möglichkeit des Gläubigers, auf den ihm durch
den Staat gewährten Schutz durch ein Verfügungsverbot zu verzichten,
ist es erstaunlich, daß sich die überwiegende Meinung[76] in der Rechtslehre auf den Standpunkt gestellt hat, der Freigabeerklärung des
Gläubigers könne, gleichgültig, ob der Verzicht dem Schuldner oder
dem Gerichtsvollzieher gegenüber ausgesprochen wurde, *keine* unmittelbare Entstrickungswirkung zukommen, denn die gleichen Autoren[77] vertreten im Zusammenhang mit dem Problem des gutgläubigen Erwerbs
in der Zwangsvollstreckung die Auffassung, aufgrund des § 135 II BGB
entfalle die Verstrickung. D. h.: Für sie sind Verstrickung und Verfügungsverbot so eng miteinander verbunden, daß die Existenz des
einen (Verstrickung) abhängig ist von der Existenz des anderen (Verfügungsverbot)[78]. Ausgehend von dieser Prämisse müßten diese Autoren
zu dem Ergebnis kommen, daß unabhängig davon, ob der Gläubiger
den Verzicht dem Schuldner oder dem Gerichtsvollzieher gegenüber
erklärt, die Verstrickung mit der Verzichtserklärung unmittelbar entfällt, da diese Freigabeerklärung einen wirksamen Verzicht auf das
Verfügungsverbot beinhaltet[79]. Der Grund für die Inkonsequenz liegt
nicht in einer speziellen Interessenbewertung in diesem Einzelfall,
sondern lediglich in der Tatsache, daß die Existenz des Verfügungs-

---

[75] Sogar im Verwaltungsrecht gilt der Grundsatz, daß sich der Staat
dann, wenn er sich auf die Ebene des Privatrechts begibt, nach den Regeln
des Privatrechts behandeln lassen muß.

[76] *Baumbach / Lauterbach / Albers / Hartmann*, § 803 Anm. 2 B; *Thomas /
Putzo*, § 803 Anm. 6 b, bb i. V. m. Anm. VI 2 vor § 704; *Wieczorek*, § 803
Anm. E I c 2; *Rosenberg*, § 187 II 1; *Schönke / Baur*, § 25 I 2; *K. Hellwig / Oert-
mann*, System II, S. 300; *Kruse*, S. 19; *Stein / Jonas / Münzberg*, § 803 II 4;
Schug, S. 125.

[77] So z. B. *Rosenberg*, § 190 II 2 a; *Baur*, § 55 D III; *Seuffert / Walsmann*,
§ 803 Bem. 6; *Kruse*, S. 16; *Baumbach / Lauterbach / Albers / Hartmann*, § 804
Anm. 1 D; *Thomas / Putzo*, § 803 Anm. 6 b, dd.

[78] *Gaul*, FamRZ 64, 165 ff. (167) hat diese Abhängigkeit zum ersten Mal
dargelegt. Siehe aber neuerdings auch *Gaul*, Rpfleger 71, 1 ff. (7).

[79] So denn auch konsequent *Stein*, Grundfragen, S. 26 (allerdings nur für
die Erklärung gegenüber dem Schuldner).

verbotes in diesem Zusammenhang keine Berücksichtigung gefunden hat[80].

bb) Die Ansicht *Heins* und *Hoches*

Aber auch die Vertreter der Ansicht, daß die Freigabeerklärung unmittelbare Entstrickungswirkung habe[81], begründen dieses Ergebnis nicht mit Hilfe der Konsequenzen, die ein Verzicht auf das Verfügungsverbot für die Verstrickung haben könnte. *Hoche*[82] beruft sich zur Begründung seiner Auffassung auf § 843 ZPO, der vorsieht, daß man bei der Forderungspfändung auf seine durch die Pfändung erworbenen Rechte durch bloße schriftliche Mitteilung verzichten kann. Andere Vertreter dieser Theorie[83] sehen eine Parallele in der Klagerücknahme nach § 271 ZPO. Mit diesen Argumenten hat sich P. Geib[84] wohl am eingehendsten auseinandergesetzt. Zu Recht stellt er fest, daß § 843 ZPO eine Ausnahmeregelung für die Forderungspfändung sei, die wegen ihres Ausnahmecharakters einer ausdrücklichen Regelung im Gesetz bedürfte[85]. Aus der Tatsache, daß nach § 843 ZPO die Verzichtserklärung erst mit Zugang beim Schuldner wirksam werde, könne man entgegen *Hein*[86] nicht folgern, der Verzicht sei auch bei beweglichen Sachen möglich, nur hier formlos. Der Unterschied im Pfändungsvorgang rechtfertige die anderen Rechtsfolgen bei der Freigabe von Forderungen und der von beweglichen Sachen, denn die Pfändung von Forderungen sei ein rein ideeller Vorgang, während die Pfändung von beweglichen Sachen durch das Anbringen der Pfandsiegel ein nach außen hin in Erscheinung tretender Akt des Gerichtsvollziehers sei. Für einen so nach außen hin in Erscheinung gebrachten Staatsakt müsse aber der Satz gelten, daß er nur durch einen gleichermaßen in Erscheinung tretenden Aufhebungsakt wieder beseitgt werden könne[87]. Ein ähnliches Argument spreche gegen die These, der Gläubigerverzicht sei eine auf die Beendigung des Vollstreckungsrechtsverhältnisses abzielende prozessuale Willenserklärung, die das vollstreckungsrechtliche Pendant zur Klagerücknahme im Erkenntnisverfahren darstelle[88]. Wenn

---

[80] Beispielhaft insofern *Baur*, § 55 D III, der, obwohl er im Rahmen des gutgläubigen Erwerbs wohl als erster die mögliche Bedeutung von § 135 II BGB erkannt hat, im Zusammenhang mit der Gläubigerfreigabe das Verfügungsverbot mit keinem Wort erwähnt und eine Entstrickungswirkung des Gläubigerverzichtes verneint. Siehe *Schönke / Baur*, § 25 I 2.

[81] *Hoche*, S. 84; *Hein*, Identität I, S. 242 ff.

[82] *Hoche*, S. 85 f.

[83] *Hein*, Identität I, S. 242 ff. (243 Fn. 57); *Stein / Jonas / Pohle* (18. Aufl.), § 803 Anm. II 5.

[84] *P. Geib*, S. 124 ff.

[85] So auch *Stein / Jonas / Münzberg*, § 805 Anm. II 4 und *Schug*, S. 125; vgl. auch *Gaul*, JuS 71, 347 ff. (349 bei Anm. 31).

[86] *Hein*, Identität I, S. 242 ff.

[87] *P. Geib*, S. 128; *Rosenberg*, § 185 II.

[88] *P. Geib*, S. 129.

überhaupt, so ließe sich die Norm des § 843 ZPO mit der Klagerücknahme nach § 271 ZPO vergleichen: In beiden Fällen gehe es ausschließlich um das Rückgängigmachen lediglich gedachter Vorgänge; bei der
Forderungspfändung um die Verstrickung, bei der Klagerücknahme um
die Rechtshängigkeit. Bei der Pfändung beweglicher Sachen gehe es
darüber hinaus um die Beseitigung eines tatsächlichen Vorganges,
nämlich um die Inbesitznahme durch das Anbringen von Pfandsiegeln.
Dieser tatsächliche Vorgang könne aber nicht durch eine prozessuale
Gestaltungserklärung beseitigt werden[89].

cc) Eigener Lösungsvorschlag

Bei beweglichen Sachen ist demnach im Ergebnis der überwiegenden
Meinung[90] zuzustimmen, die besagt, daß der Freigabeerklärung des
Gläubigers keine Entstrickungswirkung zukommt. Aber während die
Vertreter dieser Ansicht, die von der Verbundenheit von Verstrickung
und Verfügungsverbot ausgehen, nicht in der Lage waren, dieses
Ergebnis überzeugend zu begründen, vermag das hier gefundene Verhältnis von Verfügungsverbot und Verstrickung diese Lücke in der
Argumentation dieser Ansicht zu schließen. Aus der Tatsache, daß
Verfügungsverbot und Verstrickung auseinanderfallen können, folgt
nämlich, daß der Verzicht auf das Verfügungsverbot eben keine unmittelbare Wirkung auf die Verstrickung hat.

b) Unmittelbare Wirkung der Freigabeerklärung
auf das Pfändungspfandrecht

Unmittelbare Wirkung hat die Freigabeerklärung auf das Pfändungspfandrecht nur dann, wenn man die gemischt privat-öffentlich-rechtliche Theorie zugrunde legt. Da es sich nach dieser Ansicht um ein
zivilrechtliches Recht handelt, kann der Gläubiger auf die ihm durch
dieses Recht gewährten Vorteile verzichten. Nach der öffentlich-rechtlichen Theorie kommt der Freigabeerklärung diese Wirkung nicht zu,
da das Pfändungspfandrecht ein publizistisches und mit der Verstrickung unlösbar verbundenes Recht ist.

c) Mittelbare Wirkungen der Freigabeerklärung
auf den Fortbestand der Verstrickung

Wenn aber nun die Verzichtserklärung nur unmittelbare Wirkungen
auf das Verfügungsverbot und das Pfändungspfandrecht nach gemischt

---

[89] Siehe hierzu ausführlich: *P. Geib*, S. 129.

[90] *Baumbach / Lauterbach / Albers / Hartmann*, § 803 Anm. 2 B; *Thomas /
Putzo*, § 803 Anm. 6 b, bb i. V. m. Anm. VI 2 vor § 704; *Wieczorek*, § 803
Anm. E I c 2; *Rosenberg*, § 187 II 1; *Schönke / Baur*, § 25 I 2; *K. Hellwig / Oertmann*, System II, S. 300; *Kruse*, S. 19; *Stein / Jonas / Münzberg*, § 803
Anm. II 4; *Schug*, S. 125.

privat-öffentlich-rechtlicher Theorie und nicht auf die Verstrickung hat, muß untersucht werden, welche *mittelbaren* Rechtsfolgen für die Verstrickung sich aus der Erklärung ergeben, die Grundlage für die Aufhebung des Verfügungsverbotes bildet. Hierbei sind zwei Fälle zu unterscheiden, einmal die Erklärung gegenüber dem Gerichtsvollzieher und zum anderen die gegenüber dem Schuldner.

aa) Freigabeerklärung gegenüber dem Gerichtsvollzieher

Die Verzichtserklärung gegenüber dem Gerichtsvollzieher ist unschwer zu deuten. Kraft seiner Dispositionsbefugnis[91] hat der Gläubiger das Recht, den Gerichtsvollzieher anzuweisen, die Vollstreckungsmaßnahmen in einen bestimmten Gegenstand aufzuheben. Man kann daher die Freigabeerklärung gegenüber dem Gerichtsvollzieher als einen Verzicht auf das Verfügungsverbot und eine Anweisung an den Gerichtsvollzieher deuten, die Vollstreckung nach § 776 ZPO aufzuheben. Während nun das Verfügungsverbot sofort mit der Erklärung erlischt, entfällt die Verstrickung erst mit der Aufhebung der Zwangsvollstreckungsmaßnahme durch den Gerichtsvollzieher.

bb) Freigabeerklärung gegenüber dem Schuldner

Die Freigabeerklärung des Gläubigers unmittelbar gegenüber dem Schuldner ist dogmatisch schwieriger einzuordnen. Daß dieser Erklärung keine unmittelbare Entstrickungswirkung zukommt, wurde bereits oben dargelegt[92]. Andererseits ist man sich darüber einig, daß, wenn dieser Erklärung auch keine unmittelbare Entstrickungswirkung zukommt, aus ihr doch wenigstens die Pflicht für den Gerichtsvollzieher erwächst, die betreffende Zwangsvollstreckungsmaßnahme nach § 776 ZPO aufzuheben[93]. Wie aber diese Erklärung vom Gläubiger an den Schuldner Wirkungen gegenüber dem Gerichtsvollzieher entfalten kann, wird von den Vertretern dieser Ansicht nicht gesagt. Eine Lösung dieses Problems wird wohl nur möglich sein, wenn man den Vorschlag von Martin[94] und von P. Geib[95] aufgreift und die Erklärung des Gläubigers in Verbindung mit der Zustimmung des Schuldners als vollstreckungsrechtlichen Vertrag ansieht.

Ein Eingehen auf die Wirkungen dieses speziellen vollstreckungsrechtlichen Vertrages setzt nun voraus, daß zunächst über Gegenstand

---

[91] Daß er dieses Recht aufgrund seiner Dispositionsbefugnis und nicht, wie *Geib* auf S. 130 ausführt, „kraft seines Vollstreckungsanspruches" hat, ist von *Gaul*, FamRZ 72, 533 ff. (536) dargelegt worden.

[92] Siehe oben § 12 II 2 a.

[93] *Baumbach / Lauterbach / Albers / Hartmann*, § 803 Anm. 2 B; *Thomas / Putzo*, § 803 Anm. 6 b, bb i. V. m. Anm. VI 2 vor § 704; *Rosenberg*, § 187 II 1; *Schönke / Baur*, § 25 I 2; *Kruse*, S. 19; *Stein / Jonas / Münzberg*, § 803 Anm. II 4.

[94] *Martin*, S. 196 Fn. 20.

[95] *P. Geib*, S. 133 ff.

und Wirkungen eines jeden vollstreckungsrechtlichen Vertrages Klarheit gewonnen wird. Lange Zeit wurde als Gegenstand des vollstreckungsrechtlichen Vertrages die Dispositon über die Vollstreckungsbefugnis angesehen, weil der Vollstreckungsanspruch selbst für den Anspruchsinhaber nicht disponibel sei[96]. Erst *Schug*[97] gelang es, nachzuweisen, daß die Unterscheidung zwischen Vollstreckungsanspruch und Vollstreckungsbefugnis nicht durchführbar sei, da der Vollstreckungsbefugnis neben dem Vollstreckungsanspruch keine selbständige Funktion zukommen könne. Gleichzeitig weist sie nach, daß der Vollstreckungsanspruch doch disponibel sei[98], da der Staat die Zwangsvollstreckung nicht als Selbstzweck[99], sondern ausschließlich für den Gläubiger durchführt und es im Belieben des Gläubigers steht, „ob, wann und wie er Befriedigung sucht"[100]. Was die Wirkungen eines solchen vollstreckungsrechtlichen Vertrages angeht, so war noch *Schiedermair*[101] der Ansicht, daß Prozeßverträge generell eine Verfügung zum Inhalt haben müßten. *H. J. Hellwig* hat dagegen nachgewiesen, daß es auch verpflichtende Verträge gibt[102]. Ausgehend von dieser Lehre *H. J. Hellwigs* zeigt Schug[103], daß einem prozeßrechtlichen Vertrag auf dem Gebiet der Zwangsvollstreckung niemals eine unmittelbar verfügende, sondern in Anbetracht der „Ausschließlichkeit der von den Vollstreckungsorganen zu beachtenden Vollstreckungshindernisse"[104] immer nur eine verpflichtende Wirkung zukommen könne. Denn, wie auch *Gaul* ausführt, „während Prozeßverträge mit Verfügungswirkung im Erkenntnisverfahren vor Gericht unbedenklich sind ...", „liefe eine derartige Bindung der Vollstreckungsorgane der Struktur der Zwangsvollstreckung zuwider"[105]. Wollte man nämlich dem vollstreckungsrechtlichen Vertrag unmittelbare Verfügungswirkung zusprechen, so hieße das, angewandt auf den hier vorliegenden Fall, daß die Freigabeerklärung des Gläubigers zu einer unmittelbaren Entstrickung der Pfandsache führen würde; daß also eine Verwertung durch den Gerichtsvollzieher sofort nach der Erklärung unzulässig würde. Das verstieße aber nicht nur gegen den Grundsatz, daß ein durch hoheit-

---

[96] So *Schiedermair*, S. 93 f., 134; *Bohn*, ZZP 69, S. 20 ff. (23); *H. J. Hellwig*, S. 87 Fn. 46.

[97] *Schug*, S. 167 ff., insbesondere S. 171; zustimmend *Gaul*, JuS 71, 347 ff. (348) und *Scherf*, S. 24.

[98] *Schug*, S. 134 f., 180 ff.

[99] *Gaul*, Rpfleger 71, 1 ff. (7).

[100] *Gaul*, JuS 71, 347 ff. (349).

[101] *Schiedermair*, S. 39 ff., 95 ff., 115, 130, 175 ff., 182.

[102] *H. J. Hellwig*, S. 74 ff. Aufgrund der Erkenntnis, daß es gesetzlich begründete prozessuale Pflichten gibt.

[103] *Schug*, S. 184 ff.

[104] *Schug*, S. 184.

[105] *Gaul*, JuS 71, 347 ff. (349); *Gerhardt*, Vollstreckungsrecht, S. 44.

lichen Akt geschaffener Rechtszustand nicht durch eine rechtsgeschäftliche Verfügung zunichte gemacht werden könne[106], sondern auch gegen das im 8. Buch der ZPO zum Ausdruck kommende öffentliche Interesse an der Ausschließlichkeit der ausdrücklich normierten Vollstreckungsvoraussetzungen und -hindernisse[107]. Schug deutet denn auch zu Recht den Inhalt eines solchen spezifisch „vollstreckungs"rechtlichen Vertrages als Verpflichtung des Gläubigers, von seinem Vollstreckungsanspruch nicht oder doch erst später Gebrauch zu machen[108].

Diese allgemeinen Ausführungen zum vollstreckungsrechtlichen Vertrag kennzeichnen bereits die Wirkungen der hier vorliegenden Vereinbarung. Da es sich bei der Freigabe um einen spezifsch „vollstreckungs"rechtlichen Vertrag handelt, kann er nur *verpflichtende*, nicht aber verfügende Wirkung haben. Es zeigt sich bei der hier vorliegenden Vereinbarung allerdings eine Besonderheit: Während Schug und, soweit ersichtlich, ihre Vorgänger von einem Vertrag ausgehen, der vor Beginn der Vollstreckung geschlossen wurde, handelt es sich hier um einen Vertrag, der erst nach der Pfändung zustande kommt. Daß allerdings auch solche Verträge zu den vollstreckungsrechtlichen Verträgen gezählt werden müssen, hat P. Geib[109] dargelegt. Ihre Besonderheit liegt lediglich im Inhalt der vom Gläubiger eingegangenen Verpflichtung. Während bei Verträgen, die die künftige Zwangsvollstreckung betreffen, sich der Gläubiger verpflichtet, die Vollstreckungstätigkeit nicht in Gang zu setzen, kann sie bei dem hier vorliegenden Vertrag nur darin bestehen, eine solche Vollstreckungstätigkeit zurückzunehmen; mit anderen Worten, den Gerichtsvollzieher anzuweisen, die Zwangsvollstreckungsmaßnahmen nach § 776 ZPO aufzuheben.

Es hat sich also gezeigt, daß die Freigabeerklärung gegenüber dem Schuldner weder unmittelbar die Entstrickung der Pfandsache bewirkt noch unmittelbar den Gerichtsvollzieher verpflichtet, die Zwangsvollstreckungsmaßnahme aufzuheben. Sie enthält nicht mehr als die Verpflichtung des Gläubigers, den Gerichtsvollzieher anzuweisen, die betreffende Zwangsvollstreckungsmaßnahme nach § 776 ZPO aufzuheben.

Zusammenfassend kann man also zum Fall der Freigabe der Pfandsache durch den Gläubiger sagen, daß sich die unmittelbaren Wirkungen des Verzichts auf den Fortfall des Verfügungsverbotes und — folgt man der gemischt privat-öffentlich-rechtlichen Theorie vom Pfändungspfandrecht — den Fortfall des Pfändungspfandrechts beschränken. Die

---

[106] Siehe oben § 12 II 1 a bei Fn. 10, 11.

[107] *Schug*, S. 185; ähnlich auch *Gaul*, JuS 71, 347 ff. (349), wenn er sich auf die Formalisierung der Zwangsvollstreckung beruft.

[108] *Schug*, S. 185.

[109] *P. Geib*, S. 133. Auch *Scherf*, S. 120 ff., führt Beispiele solcher vollstreckungsrechtlichen Verträge an; vgl. auch *Gaul*, Rpfleger 71, 1 ff. (3 bei Anm. 27).

mittelbare Folge dieser Freigabe besteht in der Aufhebung der Pfändung. Erklärt der Gläubiger die Freigabe gegenüber dem Gerichtsvollzieher, so weist er ihn auf diese Weise an, die Pfändung aufzuheben; erklärt er sie gegenüber dem Schuldner, so ist sie als vollstreckungsrechtliche Vereinbarung zu sehen, in der sich der Gläubiger verpflichtet, den Gerichtsvollzieher anzuweisen, die Pfändung aufzuheben.

Zusammenfassung von Teil 3

Das Verfügungsverbot in der Zwangsvollstreckung ist eine neben die Verstrickung tretende, sie ergänzende und absichernde Wirkung der Zwangsvollstreckung. Daraus folgt, daß Verstrickung und Verfügungsverbot auseinanderfallen können. Das Verfügungsverbot entsteht — wenn die Beschlagnahme als solche wirksam ist — nach Maßgabe des Vollstreckungsanspruches. Ein — wodurch auch immer bedingter — Fortfall des Verfügungsverbotes hat keinen unmittelbaren Einfluß auf die anderen Pfändungsfolgen.

Schluß

Zusammenstellung der Ergebnisse der Arbeit und ein Versuch der Auswertung im Hinblick auf eine künftige Reform des Zwangsvollstreckungsrechts

§ 13 Zusammenstellung der Ergebnisse der Arbeit

Ergebnisse von Teil 1

1. Nach dem Willen des Gesetzgebers bewirkte die Vollstreckung in bewegliche Sachen oder Forderungen trotz des scheinbar entgegenstehenden Wortlautes der §§ 829, 857 ZPO lediglich ein Pfändungspfandrecht, aber *kein* Verfügungsverbot nach §§ 135, 136 BGB.

2. Für die Immobiliarvollstreckung hat der Gesetzgeber das Verfügungsverbot anstelle der Sicherung durch ein Pfändungspfandrecht eingeführt.

Ergebnisse von Teil 2

1. Aus der Tatsache, daß man seit Friedrich Stein die Pfändung als Beschlagnahmeakt ansieht, folgt entgegen der herrschenden Ansicht nicht begriffsnotwendig ein Verfügungsverbot als Folge der Pfändung. Dennoch ist ein solches im Ergebnis anzuerkennen.

2. Die Pfändung als spezieller Beschlagnahmetatbestand erfüllt alle Voraussetzungen, unter denen eine Beschlagnahme ein relatives Verfügungsverbot zur Folge hat.

3. Das relative Verfügungsverbot als Folge der Zwangsvollstreckung sichert — unabhängig davon, ob es ausdrücklich im Gesetz vorgesehen ist oder nicht — die Erfüllung des durch den Zugriff des Vollstreckungsorgans konkretisierten Vollstreckungsanspruches des Gläubigers gegen den Staat.

Ergebnisse von Teil 3

1. Das Verfügungsverbot ist eine neben die Verstrickung tretende, sie ergänzende und absichernde Folge der Zwangsvollstreckung. Der Fortfall des Verfügungsverbotes hat daher keinen unmittelbaren Einfluß auf den Fortbestand der Verstrickung.

2. Das Verfügungsverbot entsteht als Folge der Zwangsvollstreckung ausschließlich nach Maßgabe des Vollstreckungsanspruches.

3. Das Verfügungsverbot weicht dem gutgläubigen Erwerb, ohne daß dies unmittelbare Konsequenzen auf die Verstrickung hat.

4. Der mögliche Verzicht des Gläubigers auf ein Verfügungsverbot hat ebenfalls keine unmittelbaren Auswirkungen auf den Bestand der Verstrickung.

§ 14 Schlußbetrachtung und Versuch der Auswertung der Ergebnisse im Hinblick auf eine künftige Reform des Vollstreckungsrechtes

Als Ergebnis der Arbeit kann festgestellt werden, daß weder *Hubers* These, daß die Beschlagnahme lediglich einen verfahrensrechtlichen Zustand, die Verstrickung, begründe, der auf die Verfügungsbefugnis des Schuldners ohne Einfluß sei[1], zuzustimmen; noch der Ansicht der herrschenden Lehre, die sich auf die kategorische Aussage beschränkt, die Pfändung bewirke immer ein Verfügungsverbot[2], uneingeschränkt zu folgen ist. Zwar erfüllt die Pfändung im Regelfall alle Voraussetzungen, unter denen eine Beschlagnahme ein relatives Verfügungsverbot zur Folge hat, aber es sind Einzelfälle denkbar, in denen zwar die Verstrickung, aber eben kein Verfügungsverbot entsteht. Denn Anknüpfungspunkt für das Verfügungsverbot in der Zwangsvollstreckung ist die Existenz des Vollstreckungsanspruches. Da es ausschließlich die Erfüllung dieses konkretisierten Anspruches sichert, hängt es in seinem Bestand auch von dem Vorhandensein dieses Anspruches ab. Da aber der Vollstreckungsanspruch des Gläubigers gegen den Staat im Regelfall gegeben ist, kann man sagen, daß *grundsätzlich* die Pfändung ein relatives Verfügungsverbot zugunsten des Gläubigers bewirkt. Ein Anlaß, das Verfügungsverbot als Folge der Zwangsvollstreckung abzulehnen, besteht jedenfalls nicht[3]. Im Gegenteil, die Untersuchungen über die Konsequenzen, die sich aus dem Verhältnis Verfügungsverbot - Vollstreckungsanspruch ergeben, haben gezeigt, daß die hier entwickelte Ansicht vom Sicherungszweck des Verfügungsverbotes keine rein dogmatische Spielerei ist, sondern daß sie ihren durchaus praktischen Wert hat. Während man bisher das Verfügungsverbot als eine Randerscheinung im System der Zwangsvollstreckung werten mußte, das dem Fortgang der Zwangsvollstreckung weder schaden noch nützen konnte, so stellt sich nunmehr der Sinn dieses Verfügungsverbotes in diesem Verfahren heraus.

---

[1] *Huber*, S. 55.

[2] Siehe nur *Stein / Jonas / Münzberg*, § 803 Anm. II 1 a.

[3] Siehe die Fragestellung in der Einleitung § 1.

Folgt man der öffentlich-rechtlichen Theorie vom Pfändungspfandrecht, so ergibt sich der praktische Wert des Verfügungsverbotes schon allein daraus, daß das Pfändungspfandrecht nach dieser Theorie keine Sicherungsfunktion hat, der Gläubiger aber dennoch vor vollstreckungsvereitelnden Verfügungen des Schuldners geschützt werden soll. Folgt man dagegen der gemischt privat-öffentlich-rechtlichen Theorie, so zeigt sich, daß der Schutz durch ein Verfügungsverbot in manchen Fällen weitergeht, als der durch ein Pfändungspfandrecht. Dabei handelt es sich um alle die Fälle, in denen der Gläubiger zwar keinen materiellrechtlichen Anspruch gegen den Schuldner hat, er aber im vollstrekkungsrechtlichen Sinne dennoch schützenswert ist, da er gegen den Staat einen Anspruch auf Vollstreckung in dies Schuldnervermögen hat.

Seine eigentliche Bedeutung gewinnt die hier entwickelte Ansicht vom Verfügungsverbot als Folge der Zwangsvollstreckung für die Frage nach dem Bestand der Verstrickung bei gutgläubigem Erwerb durch einen Dritten und bei der Freigabe der Pfandsache durch den Gläubiger. Da das Verfügungsverbot weder Inhalt noch Wirkung der Verstrickung, sondern lediglich Folge des Beschlagnahmeaktes ist, kann sein Fortfall keinen unmittelbaren Einfluß auf den Bestand der Verstrickung haben. Mit Hilfe dieser Konstruktion gelingt es, den nachträglichen Dritteigentümer einer Pfandsache dem ursprünglichen gleichzustellen: sie besitzen beide eine verstrickte Sache.

Diese Konsequenz allein dürfte ausreichen, die Brauchbarkeit der hier entwickelten Konstruktion vom Verfügungsverbot als Folge der Zwangsvollstreckung aufzuzeigen.

Nach geltendem Recht sieht die Situation — folgt man der gemischt privat-öffentlich-rechtlichen Theorie — des Gläubigers also folgendermaßen aus: Die Zwangsvollstreckung gewährt ihm zwei Sicherungen, einmal eine spezifisch vollstreckungsrechtliche — das Verfügungsverbot — und zum zweiten eine spezifisch materiell-rechtliche — das Pfändungspfandrecht.

Während nun das Verfügungsverbot in seinen Aufgaben klar umrissen werden kann, stellt die Frage nach Rechtsnatur und Rechtsfolgen des Pfändungspfandrechtes ein bisher ungelöstes Problem der Zwangsvollstreckung dar. Dieses Problem ist auch nicht endgültig befriedigend zu lösen, da es nicht durch die gesetzliche Regelung verursacht wurde, sondern lediglich auf den Bruch zurückzuführen ist, der seit der Anerkennung einer hoheitlichen Betrachtungsweise der Vollstreckungsvorgänge zwischen Gesetzestext und Rechtslehre besteht. Während man nach geltendem Recht wohl nicht umhin kann, das Pfändungspfandrecht als materielles Recht anzusehen — die Ansichten der Vertreter der öffentlich-rechtlichen Theorie laufen alle mehr oder minder darauf hinaus, „das Pfändungspfandrecht aus der ZPO hinauszuinterpretieren"[4] — bleibt zu überlegen, ob es notwendig und sinnvoll ist, dieses Pfändungspfandrecht in einer künftigen Reform des Zwangsvollstreckungsrechts beizubehalten.

Nun soll hier nicht behauptet werden, das Verfügungsverbot allein sei in der Lage, das Pfändungspfandrecht zu ersetzen — eine solche Behauptung wäre in Anbetracht z. B. der Rangfunktion des Pfändungspfandrechtes geradezu unsinnig. Es muß vielmehr überlegt werden, ob nicht die für den Fortgang der Zwangsvollstreckung notwendigen Funktionen des Pfändungspfandrechtes durch entsprechende Gesetzesänderungen dem Zwangsvollstreckungsverfahren erhalten bleiben können, ohne dieses Verfahren weiterhin mit einer „begriffskonstruktiven Belastung"[5], wie es ein Pfändungspfandrecht darstellt, behaften zu müssen.

Was die Sicherungsfunktion des Pfändungspfandrechtes angeht, so hat sich gezeigt, daß in fast allen Fällen das Verfügungsverbot den Gläubiger bereits vor vollstreckungsschädlichen Verfügungen des Schuldners schützt. Schutzlos wäre der Gläubiger daher bei einer Streichung des Pfändungspfandrechtes nur in den Fällen, in denen er zwar keinen Vollstreckungsanspruch gegen den Staat, wohl aber einen materiellen Anspruch gegen den Schuldner hat. Es ist aber fraglich, ob der Gläubiger in diesen Fällen — unter Berücksichtigung rein vollstreckungsrechtlicher Kriterien — überhaupt schützenswert ist. Betrachtet man nämlich diese Funktion des Pfändungspfandrechtes genauer, so zeigt sie sich als Relikt der privatrechtlichen Anschauung des Gesetzgebers, die den heutigen Gegebenheiten nicht mehr entspricht. In einer Zeit, in der man die Durchführung der Zwangsvollstreckung mehr und mehr von materiell-rechtlichen Voraussetzungen löst, wirkt ein materiell-rechtlicher Schutz des Gläubigers für die Dauer des Verfahrens wie ein Fremdkörper. Wenn *von Tuhr*[6], ausgehend von der privat-rechtlichen Auffassung des Gesetzgebers, das Verfügungsverbot zu Recht als eine dem Zwangsvollstreckungsrecht „inadäquate Maßregel" tadelt, so muß dieser Vorwurf heute bei hoheitlicher Betrachtungsweise der Vollstreckungsvorgänge gegen das Pfändungspfandrecht erhoben werden. Ein Streichen des Pfändungspfandrechtes in einer künftigen Gesetzesreform würde daher keine besondere Vorschrift erforderlich machen, um den Gläubiger vor vollstreckungsvereitelnden Verfügungen des Schuldners zu schützen. Das ohnehin mit der Pfändung entstehende Verfügungsverbot würde den Gläubiger immer dann vor Verfügungen des Schuldners sichern, wenn der

---

[4] *Henckel*, S. 323 Fn. 43.

[5] Diesen Ausdruck benutzt R. *Schmidt*, Festschrift für Lehmann, S. 319 ff. (329 Fn. 3).

[6] *von Tuhr*, AT Bd. 2, 2. Hälfte, S. 14 Fn. 89.

Gläubiger im vollstreckungsrechtlichen Sinne schützenswert ist. Sollte sich der Gesetzgeber zu einer ausdrücklichen Aufnahme des Verfügungsverbotes — ähnlich § 23 ZVG — entschließen, so wäre dies im Interesse der Klarheit zwar wünschenswert, aber nicht unbedingt erforderlich.

Was die Rangfunktion des Pfändungspfandrechtes angeht, so müßte diese durch die Einführung eines einfachen Beschlagnahmevorrechtes — ähnlich dem § 11 II ZVG — ersetzt werden, mit der gewährleistet würde, daß die Befriedigung der Gläubiger weiterhin aufgrund des Prioritätsgedankens durchgeführt wird. In diesem Punkt würde die Entfernung des Pfändungspfandrechtes also zusätzliche Gesetzesänderungen der ZPO erforderlich machen. Aber auch außerhalb der ZPO würden Gesetzesänderungen notwendig. Will man nämlich die Stellung des Zwangsvollstreckungsgläubigers im Konkurs des Schuldners beibehalten, die er nach geltendem Recht innehat, so wäre erforderlich, dieses Beschlagnahmevorrecht mit in die Regelung des § 47 KO aufzunehmen; § 127 KO entsprechend zu ändern und die in § 13, 2. Halbsatz KO geregelte Ausnahme für das Verfügungsverbot in der Liegenschaftsvollstreckung auf das in der Mobiliarvollstreckung auszudehnen[7]. Insgesamt würde man also die Regelung, die die Liegenschaftsvollstreckung im Konkurs erfährt, auf die Mobiliarvollstreckung übertragen.

Zuletzt müßte noch eine Funktion des Pfändungspfandrechtes berücksichtigt werden, deren Bedeutung u. a. von *Gaul*[8] besonders hervorgehoben worden ist; das ist die Auswirkung des bestandenen Pfändungspfandrechtes in der Zeit *nach* Beendigung des Zwangsvollstreckungsverfahrens. In dieser Zeit muß sich das Pfändungspfandrecht als „Recht auf Befriedigung aus dem Erlös"[9] und als „Kriterium für den rechtlichen Bestand der durch die Vollstreckungsmaßnahmen geschaffenen Vermögensverschiebung"[10] bewähren. Verzichtet man auf diese materielle Funktion des Pfändungspfandrechtes, so ist eigentlich nicht zu begründen, wie in Fällen materiell ungerechtfertigter Vollstreckung Ausgleichsansprüche des Eigentümers der verwerteten Sache gegen den Gläubiger entstehen können[11]. Auf einen solchen Ausgleich dagegen einfach zu verzichten[12], hieße, das Ziel des Vollstreckungsverfahrens

---

[7] Auf diese Möglichkeit weisen bereits *Stein*, Grundfragen, S. 29 f. und S. 58 und *Gaul*, Rpfleger 71, 1 ff. (6) hin.

[8] *Gaul*, Rpfleger 71, 1 ff. (6).

[9] *Gaul*, Rpfleger 71, 1 ff. (6).

[10] *Gerhardt*, Vollstreckungsrecht, S. 94 f.

[11] Selbst *Lüke*, AcP 153, 533 ff. (547), der in diesen Fällen einen Bereicherungsausgleich gewähren will, sieht dies als eine gewisse Inkonsequenz der öffentlich-rechtlichen Theorie an.

[12] So aber *Böhm*, S. 88; vgl. hierzu die Kritik von *Gaul*, AcP 173, 323 ff. (340).

ad absurdum zu führen[13]. Wenn auch die Durchführung der Zwangsvollstreckung nach publizistischen Grundsätzen geschieht, so hat dies
nur dann seine Berechtigung, wenn gewährleistet werden kann, daß
die durch die Zwangsvollstreckung erreichte Vermögensverschiebung,
gemessen an materiell-rechtlichen Grundsätzen, gerechtfertigt ist[14].
Wenn also das Pfändungspfandrecht in einer künftigen Gesetzesreform
entfallen soll, so muß die Möglichkeit des Bereicherungsausgleiches
gesondert normiert werden, denn diese, dem materiell-rechtlichen
Pfändungspfandrecht innewohnende Funktion ist auch in einem an-
sonsten hoheitlich ausgestatteten Verfahren unverzichtbar.

Insgesamt gesehen würde die Streichung des Pfändungspfandrechtes
zwar eine Reihe weiterer Gesetzesänderungen erforderlich machen, aber
sind sie einmal geschehen, so wäre eine Durchführung der Zwangsvollstreckung gewährleistet, die nicht mehr mit den dogmatischen
Schwierigkeiten eines Pfändungspfandrechtes belastet wäre und dennoch die schützenswerten Interessen der an dem Verfahren Beteiligten
berücksichtigen würde. Daß die Möglichkeit eines einfachen Beschlagnahmevorrechtes, verbunden mit einem Verfügungsverbot, sich auch
in der Praxis bewähren kann, beweist zudem das Beispiel der Liegenschaftsvollstreckung, die ein derartiges Verfahren bereits heute kennt.

Zum Schluß dieser Arbeit soll daher aus dem Gedanken einer mög-
lichen künftigen Vereinfachung der ZPO ein Vorschlag zur Diskussion
gestellt werden, der in den Jahren 1936 - 1937 vom Unterausschuß
für vollstreckungsrechtliche Fragen der Akademie für Deutsches Recht
unter Mitwirkung von Jonas, Lent, Pagenstecher, Richard Schmidt
und anderen als Entwurfsskizze für eine künftige Neufassung des
Vollstreckungsteiles der ZPO entwickelt wurde und der dem Reichs-
justizministerium als Unterlage für weitere Beratungen vorgelegen
hat[15].

---

[13] *Gerhardt*, Vollstreckungsrecht, S. 94 Fn. 15.

[14] *Gaul*, Rpfleger 71, 1 ff. (7) und AcP 173, 323 ff. (340).

[15] Zitiert aus den Akten des Reichsjustizministeriums aus dem Jahre 1937,
betreffend die Zwangsvollstreckung im allgemeinen. (Bundesarchiv Koblenz
R 22 Band 683 S. 271 f.) Dieser Entwurf ist weiter nicht veröffentlicht worden
und in den genannten Akten auch nur in Form eines Briefes von *Jonas* an
die anderen Ausschußmitglieder erhalten. Eine weitere Erwähnung dieses
Entwurfes — allerdings in etwas anderer Formulierung — findet sich in
dem Beitrag von *R. Schmidt*, Festschrift für Lehmann, S. 319 ff. (335, 341
Fn. 8). Das ebenfalls in diesem Beitrag auf S. 340 f. erwähnte Gutachten
von *Jonas* zur Pfandrechtskonstruktion in der Mobiliarvollstreckung, das im
Zusammenhang mit dem genannten Entwurf steht, ist nicht veröffentlicht
worden und konnte daher leider nicht berücksichtigt werden.

Ergebnisse der Unterausschußtagungen
in Leipzig und Dresden
(Januar und Februar 1937)

A

Es wurde die rein öffentlichrechtliche Konstruktion der Mobiliarvollstreckung ... eingehend erörtert. Vom Standpunkt dieser Auffassung gelangte der Unterausschuß — unter Offenlassung der grundsätzlichen Frage, ob man diese Konstruktion wählen und das Pfändungspfandrecht fortfallen lassen sollte — zu folgenden Sätzen:

I. Die Pfändung bewirkt die Beschlagnahme des gepfändeten Gegenstandes, gewährt aber kein privatrechtliches Pfandrecht zugunsten
des Gläubigers.

Die Beschlagnahme hat zur Folge:

a) ein Veräußerungsverbot zugunsten des Gläubigers (§ 135 BGB);

b) die Befugnis und Verpflichtung des Staates zur Verwertung des
Gegenstandes im Interesse des Gläubigers

   — und zwar bei Zusammentreffen mehrerer Pfändungen nach der
   zeitlichen Reihenfolge (Ausnahmen für besondere Fälle vorbe-
   halten) —;

c) ein Absonderungsrecht im Konkurse — dabei müssen die Vorschriften in der Konkursordnung entsprechend angepaßt werden, und
zwar zweckmäßig in dem Sinne, daß das Pfändungspfandrecht aus
dem § 49 KO in den § 47 das. übernommen wird; weiter muß das
Verfahren des § 127 KO etwas geändert werden ...[16].

---

[16] In dieser Entwurfsskizze sind nicht berücksichtigt: die erforderliche
Änderung von § 13 KO — die Ausnahme in § 13 2. Halbsatz KO müßte auf
das durch die Zwangsvollstreckung in Mobilien bedingte Verfügungsverbot
ausgedehnt werden — und die erforderliche Verweisung in der ZPO auf
die Anwendung der §§ 812 ff. BGB in den Fällen materiell ungerechtfertigter
Vollstreckung.

Literaturverzeichnis

Amend, Kurt: Das öffentlich-rechtliche Pfändungspfandrecht, Dissertation Erlangen 1958.

Arndt, Gottfried: Entsteht bei Pfändung schuldnerfremder Sachen ein Pfändungspfandrecht?, MDR 1961, 368 ff.

Baumbach, Adolf, *Lauterbach*, Wolfgang, *Albers*, Jan *Hartmann*, Peter: Zivilprozeßordnung, 33. Auflage, München 1975.

Baumann, Jürgen: Zwangsvollstreckung, Bielefeld 1975.

Baur, Fritz: Lehrbuch des Sachenrechts, 8. Auflage, München 1975; 2. Auflage, München 1963 (zit.: Baur, 2. Auflage).

Beling, Ernst: Deutsches Reichsstrafprozeßrecht, Berlin 1928.

Bellersen, Heinz: Der besondere privatrechtliche Schutz des Pfändungspfandgläubigers, Dissertation Göttingen 1927.

Berg, Hans: Der praktische Fall: Die gepfändete Schreibmaschine, JuS 1965, 190 ff.

Berghaus, Hartwig: Der strafrechtliche Schutz der Zwangsvollstreckung, Göttingen 1967.

Berner, Wilhelm: Kann auf die Einhaltung der Wartefrist des § 798 ZPO wirksam verzichtet werden?, DGVZ 1961, 17 ff.

Bernhardt, Wolfgang: Vollstreckungsgewalt und Amtsbetrieb, Leipzig 1935.

Bethmann-Hollweg v., M. A.: Civilprozeß des gemeinen Rechts in geschichtlicher Entwicklung, Zweiter Band: Der römische Civilprozeß, Bonn 1865, Neudruck 1959.

Binding, Karl: Lehrbuch des gemeinen deutschen Strafrechtes, Besonderer Teil, 2. Band, 2. Abteilung, 2. Auflage, Leipzig 1905.

Bley, Erich: Klagrecht und rechtliches Interesse, Leipzig 1923.

Blomeyer, Arwed: Zum relativen Verbot der Verfügung über Forderungen, Berliner Festschrift für Ernst E. Hirsch, Berlin 1968.

— Zur Lehre vom Pfändungspfandrecht, Sein und Werden im Recht, Festschrift für Ulrich von Lübtow, Berlin 1970, S. 803 ff.

— Zivilprozeßrecht, Vollstreckungsverfahren, Berlin 1975 (zit.: A. Blomeyer, Vollstreckungsverfahren).

Blomeyer, Jürgen: Der Anwendungsbereich der Vollstreckungserinnerung, Rpfleger 1969, 279 ff.

Blomeyer, Karl: Zwangsvollstreckung, 2. Auflage, Berlin 1956.

Böhm, Harald: Ungerechtfertigte Zwangsvollstreckung und materiellrechtliche Ausgleichsansprüche, Bielefeld 1971.

Bohn, Karlheinz: Die Zulässigkeit des vereinbarten Vollstreckungsausschlusses, ZZP 69, 20 ff. (1956).

Bruns, Rudolf: Zwangsvollstreckungsrecht, Frankfurt 1963.

Bunsen: Zur Lehre von den nicht getrennten Erzeugnissen, ArchBürgRecht 29, 11 ff.

Canstein v., Norbert: Die öffentlich-rechtliche und privatrechtliche Tragweite der strafprozessualen Beschlagnahme, Dissertation Köln 1931.

Dahlmanns, Gerhard J.: Neudrucke zivilprozessualer Kodifikationen und Entwürfe, Band I und II, Aalen 1971.

Dalcke, A., *Fuhrmann*, E., *Schäfer*, K.: Strafrecht und Strafverfahren, 37. Auflage, Berlin 1961.

Demelius, Ernst: Das Pfandrecht an beweglichen Sachen nach österreichischem bürgerlichem Recht, Wien 1897.

Dernburg, Heinrich: Pfandrecht, Band I, Berlin 1884.

Dreher, Eduard: Strafgesetzbuch, 35. Auflage, München 1975.

Emmerich, Hugo: Pfandrechtskonkurrenzen nach bürgerlichem, Handels- und Prozeßrecht, Berlin 1909.

Endemann, Wilhelm: Das deutsche Zivilprozeßrecht, Heidelberg 1868, Neudruck Aalen 1969.

Enneccerus, Ludwig, *Nipperdey*, Hans Carl: Allgemeiner Teil des bürgerlichen Rechts, 2. Halbband, 15. Bearbeitung, Tübingen 1960.

Erman, Walter: Handkommentar zum BGB, 5. Auflage, Münster 1972.

Esser, Josef: Grundsatz und Norm in der richterlichen Fortbildung des Privatrechts, 2. Auflage, Tübingen 1964.

Falkmann, R.: Die Zwangsvollstreckung mit Ausschluß der Zwangsvollstreckung in das unbewegliche Vermögen, nach dem Tode fortgesetzt von B. Mugdan, Band II, 2. Auflage, Berlin 1914.

Falkmann, R., *Hubernagel*, G.: Die Zwangsvollstreckung mit Ausschluß der Zwangsvollstreckung in das unbewegliche Vermögen, 3. Auflage, Berlin 1937 - 1939.

Flume, Werner: Allgemeiner Teil des BGB, Band II: Das Rechtsgeschäft, 2. Auflage, Berlin 1975.

Foerder: Ist der Gerichtsvollzieher berechtigt, gepfändete und dann vom Schuldner weggeschaffte Sachen Dritten zum Zwecke der Versteigerung fortzunehmen?, ZZP 53, 176 ff. (1928).

Förster, A., *Kann*, Richard: Die Zivilprozeßordnung für das Deutsche Reich, Band II, Berlin 1926.

Gaul, Hans Friedhelm: Materielle Rechtskraft, Vollstreckungsabwehr und zivilrechtliche Ausgleichsansprüche, JuS 1962, 1 ff.

— Besprechung zu Baur, Lehrbuch des Sachenrechts, 2. Auflage, FamRZ 1964, 165 ff.

— Zur Struktur der Zwangsvollstreckung, Rpfleger 1971, 1 ff.

— Zulässigkeit und Geltendmachung vertraglicher Vollstreckungsbeschränkung — BGH NJW 1968, 700, JuS 1971, 347 ff.

— Besprechung zu Geib, Pfandverstrickung, FamRZ 1972, 533 ff.

— Ungerechtfertigte Zwangsvollstreckung und materielle Ausgleichsansprüche, AcP 173, 323 ff. (1973).

Gaupp, L., *Stein*, Friedrich: Siehe unter: Stein, Die Civilprozeßordnung ...

Geib, Otto: Rechtsschutzbegehren und Anspruchsbestätigung im Deutschen Zivilprozeß, München 1909 (zit.: O. Geib, Rechtsschutzbegehren).

Geib, Peter: Die Pfandverstrickung, Bielefeld 1969 (zit.: P. Geib, ...).

Gerdes, Friedrich-Wilhelm: Die Rechtsnatur der Beschlagnahme (Voraussetzung, Wirkungen, Entschädigung), Dissertation Marburg 1950.

Gerhardt, Walter: Vollstreckungsrecht, Berlin 1974 (zit.: Gerhardt, Vollstreckungsrecht).

— Die systematische Einordnung der Gläubigeranfechtung, Göttingen 1969 (zit.: Gerhardt, Gläubigeranfechtung).

Goldschmidt, James: Ungerechtfertigter Vollstreckungsbetrieb, München 1910 (zit.: Goldschmidt, Ungerechtfertigter Vollstreckungsbetrieb).

— Der Prozeß als Rechtslage, Berlin 1925 (zit.: Goldschmidt, Rechtslage).

Groh, Wilhelm: Der Anspruch auf Rechtspflege (Justizanspruch), ZZP 51, 145 ff. (1926).

Hachenburg, Max: Das bürgerliche Gesetzbuch für das Deutsche Reich, Vorträge, gehalten in den Jahren 1896 - 1897, Mannheim 1900.

Hahn, C.: Die gesammelten Materialien zur Zivilprozeßordnung und dem Einführungsgesetz zu derselben, 2. Band, 1. Abteilung, Berlin 1880.

Hassenpflug: Zur Anfechtung erlangter Befriedigung aus § 23 der Reichskonkursordnung, GruchBeitr 32, 81 ff.

Hein, Wolfgang: Identität der Partei, Band I, Mannheim 1918; Band II, Mannheim 1925.

Hellwig, H. J.: Zur Systematik des zivilprozessualen Vertrages, Bonn 1968.

Hellwig, Konrad: Anspruch und Klagrecht, Leipzig 1900 (zit.: K. Hellwig, Anspruch und Klagrecht).

— Wesen und subjektive Begrenzung der Rechtskraft, Leipzig 1901, Neudruck Aalen 1967 (zit.: K. Hellwig, Rechtskraft).

— Klagrecht und Klagmöglichkeit, Leipzig 1905, Neudruck Aalen 1968 (zit.: K. Hellwig, Klagmöglichkeit).

Hellwig, Konrad, *Oertmann,* Paul: System des Deutschen Zivilprozesses, Band II, Leipzig 1912, Neudruck Aalen 1968 (zit.: K. Hellwig / Oertmann, System II).

Henckel, Wolfram: Prozeßrecht und materielles Recht, Göttingen 1970.

Hoche, Ulrich: Zwangsvollstreckungsrecht, 3. Auflage, Darmstadt 1963.

Horber, Ernst: Grundbuchordnung, München 1972.

Huber, Gerhard: Die Versteigerung gepfändeter Sachen, Berlin 1970.

Jestaedt, Egbert M. W.: Untersuchungen über das Pfändungspfandrecht, Dissertation Marburg 1966.

Kaufmann, Erich: Der polizeiliche Eingriff in Freiheiten und Rechte, Frankfurt 1951.

Kohler, Joseph: Ungehorsam und Vollstreckung im Prozeß, AcP 80, 141 ff. (1893).

— Der sogenannte Rechtsschutzanspruch, ZZP 33, 211 ff. (1904).

Kraemer, Wilhelm: Verstrickung und Pfändungspfandrecht, ZZP 46, 146 ff. (1917).

Kretzschmar, Ferdinand: Das Reichsgesetz über die Zwangsversteigerung und Zwangsverwaltung, Leipzig 1904.

Kruse, Otto Kay: Der Verstrickungsbruch nach geltendem Recht und nach neueren Strafgesetzentwürfen, Dissertation Tübingen 1934.

Kuchinke, Kurt: Pfändungspfandrecht und Verwertungsrecht bei der Mobiliarvollstreckung, JZ 1958, 198 ff.

Lackner, Karl, *Maassen*, Hermann: Strafgesetzbuch mit Erläuterungen, 9. Auflage, München 1975.

Lange, Heinrich: Allgemeiner Teil des BGB, 13. Auflage, München 1970.

Langheineken, P.: Der Urteilsanspruch, Leipzig 1899.

Larenz, Karl: Methodenlehre der Rechtswissenschaft, 3. Auflage, Berlin 1975 (zit.: Larenz, Methodenlehre).

— Allgemeiner Teil des Deutschen Bürgerlichen Rechts, 3. Auflage, München 1975 (zit.: Larenz, BGB AT).

Lehmann, Heinrich, *Hübner*, Heinz: Allgemeiner Teil des BGB, 15. Auflage, Berlin 1966.

Leipziger Kommentar zum Strafgesetzbuch, begründet von Ebermayer, Lobe, Rosenberg, herausgegeben von Baldus und Willms, Band I, 9. Auflage, Berlin 1974.

Lent, Friedrich, *Jauernig*, Othmar: Zwangsvollstreckung und Konkursrecht, 13. Auflage, München 1975.

Lindacher, Walter F.: Fehlende oder irreguläre Pfändung und Wirksamkeit des vollstreckungsrechtlichen Erwerbs, JZ 70, 360 ff.

Loewe-Rosenberg: Die Strafprozeßordnung und das Gerichtsverfassungsgesetz, 22. Auflage, Berlin 1971.

Lüke, Gerhard: Die öffentlichrechtliche Theorie der Zwangsvollstreckung und ihre Grenzen, Dissertation Frankfurt 1952 (zit.: Lüke, Diss.).

— Der Inhalt des Pfändungspfandrechtes, JZ 1955, 484 ff.

— Die Auswirkungen der öffentlichrechtlichen Theorie der Zwangsvollstreckung auf die Zwangshypothek, NJW 1954, 1669 ff.

— Die Bereicherungshaftung des Gläubigers bei der Zwangsvollstreckung in eine dem Schuldner nicht gehörige bewegliche Sache, AcP 153, 533 ff. (1954).

— Die Übereignung der gepfändeten Sachen durch den Gerichtsvollzieher, ZZP 67, 356 ff. (1954).

— Die Versteigerung der gepfändeten Sache durch den Gerichtsvollzieher, ZZP 68, 341 ff. (1955).

— Die Rechtsnatur des Pfändungspfandrechtes, JZ 1957, 239 ff.

— Die Zwangsvollstreckung des Verkäufers in die auf Abzahlung verkaufte Sache, JZ 1959, 114 ff.

Lutz, Dietmar: Probleme der Pfandentstrickung, Dissertation Gießen 1969.

Martin, Arno: Pfändungspfandrecht und Widerspruchsklage im Verteilungsverfahren, Bielefeld 1963.

Maurach, Reinhart: Deutsches Strafrecht, Ein Lehrbuch, Besonderer Teil, 5. Auflage, Karlsruhe 1969.

Meibom v., Viktor: Das deutsche Pfandrecht, Marburg 1867.

— Über den Vorzug eingeklagter und bis zur Exekutionsinstanz verfolgter Forderungen im Konkurse, AcP 52, 295 ff. (1869).

Meikel, Imhof, Wilhelm, *Riedel*, Hermann: Grundbuchrecht, Band II, Berlin 1968.

Mes, Peter: Der Rechtsschutzanspruch, Köln 1970.

Messer, Herbert: Die freiwillige Leistung des Schuldners in der Zwangsvollstreckung, Bielefeld 1966.

Mohrbutter, Jürgen: Handbuch des gesamten Vollstreckungs- und Insolvenzrechtes, 2. Auflage, Köln 1974.

Mothes: Die Beschlagnahme nach Wesen, Art und Wirkung, Leipzig 1903.

Motive zu dem Entwurfe eines Bürgerlichen Gesetzbuches, Band I, Allgemeiner Teil, Berlin 1888, Amtliche Ausgabe.

Motive zu dem Entwurfe einer Grundbuchordnung und zu dem Entwurfe eines Gesetzes betreffend die Zwangsvollstreckung in das unbewegliche Vermögen, Berlin 1889, Amtliche Ausgabe.

Müller, Hermann, *Sax*, Walter: Kommentar zur Strafprozeßordnung, Band I, 6. Auflage, Darmstadt 1966 (zit.: KMR).

Müller, Wilhelm A.: Die Wirksamkeit des Pfändungspfandrechtes, Berlin 1907.

Münzberg, Wolfgang: Die Gefährdung des Pfändungspfandrechtes, ZZP 78, 304 ff. (1965).

Niese, Werner: Doppelfunktionelle Prozeßhandlungen, Göttingen 1950.

Nußbaum, Arthur: Die Zwangsversteigerung und Zwangsverwaltung, Tübingen 1916, Neudruck Aalen 1969.

Oertmann, Paul: Das Problem relativer Rechtszuständigkeit, Jherings Jahrbücher 66, 130 ff. (1916).

Olshausen, Justus: Die Einsprüche dritter Personen in der Exekutionsinstanz nach gemeinem und preußischem Recht, Berlin 1874.

Palandt, Otto: Bürgerliches Gesetzbuch, 34. Auflage, München 1975.

Paulus, Gotthardt: Die Schranken des Gläubigerschutzes aus relativer Unwirksamkeit, Festschrift für Nipperdey, Band I, München 1965, S. 909 ff.

Peters, Hans: Lehrbuch der Verwaltung, Berlin 1949.

Pieper, Helmut: Besprechung zu Martin, Pfändungspfandrecht und Widerspruchsklage, AcP 166, 532 ff. (1966).

Planitz, Hans: Vermögensvollstreckung im deutschen mittelalterlichen Rechte, Leipzig 1912.

Raape, Leo: Das gesetzliche Veräußerungsverbot des bürgerlichen Gesetzbuchs, Berlin 1908.

Raatz, Johann Georg: Vollstreckungsverträge, Berlin 1935.

Reichmayr, Hans: Die Zwangszahlung aus fremden Mitteln, Nach österreichischem Rechte unter Bezugnahme auf das deutsche Recht, Leipzig und Wien 1910.

Reinicke, Gerhard: Zur Lehre vom Anwartschaftsrecht aus bedingter Übereignung, MDR 1959, 613 ff.

Renaud, Achilles: Lehrbuch des Gemeinen Deutschen Civilprozeßrechts, Leipzig 1867.

RGRK: Kommentar zum BGB, herausgegeben von Reichsgerichtsräten und Bundesrichtern, Band I, 1. Teil, 11. Auflage, Berlin 1959 (zit.: RGRK — Verfasser).

Riehl, J.: Die materiell-rechtlichen Voraussetzungen des Pfändungspfandrechtes, Berlin 1888.

Rosenberg, Leo: Lehrbuch des Deutschen Zivilprozeßrechts, 4. Auflage, München 1949 (zit.: Rosenberg, 4. Auflage).

— Lehrbuch des Deutschen Zivilprozeßrechts, 9. Auflage, München 1961 (zit.: Rosenberg, . . .).

Rosenberg, Leo, *Schwab,* Karl-Heinz: Lehrbuch des Deutschen Zivilprozeßrechtes, 11. Auflage, München 1974 (zit.: Rosenberg / Schwab, . . .).

Rudolph: Zur Lehre vom richterlichen Pfandrecht, Jherings Jahrbücher XX, 311 ff. (1882).

Rudolph, Horst: Kann der Gerichtsvollzieher Sachen, die er beim Schuldner gepfändet und in dessen Gewahrsam belassen hat, ohne weiteres einem Dritten wegnehmen, der nach der Pfändung den Gewahrsam an den Pfandstücken erlangt?, ZZP 59, 239 ff. (1935).

Säcker, Franz-Jürgen: Der Streit um die Rechtsnatur des Pfändungspfandrechtes, JZ 1971, 156 ff.

Schachian, Herbert: Die relative Unwirksamkeit der Rechtsgeschäfte, Berlin 1910.

Scherf, Dieter: Vollstreckungsverträge, Köln 1971.

Schiedermair, Gerhard: Vereinbarungen im Zivilprozeß, Bonn 1935.

— Besprechung zu Rosenberg, Lehrbuch des Zivilprozeßrechtes, 8. Auflage, AcP 159, 89 ff. (1960/61).

Schmidt, Herbert: Pfändungspfandrecht und Beschlagnahmevorrecht, Dissertation Leipzig 1936.

Schmidt, Richard: Lehrbuch des deutschen Zivilprozeßrechts, 2. Auflage, Leipzig 1906.

— Prioritäts- oder Ausgleichsprinzip im künftigen deutschen Vollstreckungsrecht, Festschrift für Heinrich Lehmann zum 60. Geburtstag, Berlin 1937, S. 319 ff.

Schönke, Adolf, *Baur,* Fritz: Zwangsvollstreckungs-, Konkurs- und Vergleichsrecht, 9. Auflage, Karlsruhe 1974.

Schönke, Adolf, *Schröder,* Horst: Strafgesetzbuch, 17. Auflage, München 1974.

Schug, Christel: Zur Dogmatik des vollstreckungsrechtlichen Vertrages, Dissertation Bonn 1969.

Schwab, Karl-Heinz: Besprechung zu Rosenberg, Lehrbuch des Zivilprozeßrechts, 8. Auflage, ZZP 73, 477 ff. (1960).

Schwinge, Erich: Der fehlerhafte Staatsakt in der Mobiliarvollstreckung, Mannheim 1930, Neudruck Aalen 1963.

Seuffert v., Lothar, *Walsmann,* Hans: Kommentar zur Zivilprozeßordnung, 12. Auflage, München 1932/3.

Siber, Heinrich: Der Rechtszwang im Schuldverhältnis nach deutschem Reichsrecht, Leipzig 1903.

Soergel, Th., *Siebert*, W.: Kommentar zum Bürgerlichen Gesetzbuch, Band IV, Sachenrecht, 9. Auflage, Stuttgart 1968 (zit.: Soergel — Verfasser).

Sohm, Rudolf: Wesen und Voraussetzungen der Widerspruchsklage, Leipzig 1908.

Staub, Hermann: Klage und Einrede im Interventionsprozeß, JW 1888, 201 ff.

Staudinger v., Julius: Kommentar zum BGB, Allgemeiner Teil, Band I, 11. Auflage, Berlin 1957.

— Kommentar zum BGB, Sachenrecht, 1. Teil, Band III, 11. Auflage, Berlin 1956.

— Kommentar zum BGB, Sachenrecht, 2. Teil, Band III, 11. Auflage, Berlin 1963.

Stein, Friedrich: Über die Voraussetzungen des Rechtsschutzes insbesondere bei der Verurteilungsklage, Festgabe der juristischen Fakultät Halle — Wittenberg für Hermann Fitting zum 27. 10. 1902, Halle 1903 (zit.: Stein, Voraussetzungen).

— Grundfragen der Zwangsvollstreckung, Tübingen 1913, (zit.: Stein, Grundfragen).

— Grundriß des Zivilprozeßrechts und Konkursrechts, 3. Auflage, Tübingen 1928, bearbeitet von Josef Juncker (zit.: Stein, Grundriß).

— Die Civilprozeßordnung für das Deutsche Reich, aufbauend auf dem Kommentar von L. Gaupp, Band II, Tübingen 1908 (zit.: Gaupp / Stein).

Stein, Friedrich, *Jonas*, Martin: Die Zivilprozeßordnung für das Deutsche Reich, 14. Auflage, Tübingen 1929 (zit.: Stein / Jonas).

Stein, Friedrich, *Jonas*, Martin, *Pohle*, Rudolf: Kommentar zur Zivilprozeßordnung, 17. Auflage, Tübingen 1953; 18. Auflage, Tübingen 1956.

Stein, Friedrich, *Jonas*, Martin: Kommentar zur Zivilprozeßordnung, 19. Auflage, Tübingen 1972 (zit.: Stein / Jonas-Verfasser).

Stölzel: Zur Lehre vom Faustpfande, AcP 45, 254 ff. (1862).

Strohal, Emil: Über relative Unwirksamkeit, Festschrift zur Jahrhundertfeier des Allgemeinen Bürgerlichen Gesetzbuches, Band II, Wien 1911, 747 ff.

Thomas, Heinz, *Putzo*, Hans: Zivilprozeßordnung, 8. Auflage, München 1975.

Tuhr v., Andreas: Allgemeiner Teil des Deutschen Bürgerlichen Rechts, Band II, 1. Hälfte, Berlin 1914, Neudruck Aalen 1957; Band II, 2. Hälfte, Berlin 1918, Neudruck Aalen 1957.

Uhrig, Gottfried: Die Rechtsnatur des Pfändungspfandrechtes an einer beweglichen Sache, Dissertation München 1959.

Wach, Adolf: Handbuch des Deutschen Civilprozeßrechts, Band I, Leipzig 1885 (zit.: Wach, Handbuch).

— Vorträge über die Reichscivilprozeßordnung, Bonn 1896 (zit.: Wach, Vorträge).

Waldeck, R.: Die Pfändung ungeernteter Früchte, AcP 55, 482 ff. (1872).

Wasner, Gert: Die gewaltsame Wegnahme gepfändeter Sachen, die vom Schuldner zu Dritten geschafft sind, ZZP 79, 113 ff. (1966).

Weidmann, Karl-Martin: Zur Rechtsnatur des Pfändungspfandrechts an beweglichen Sachen, Dissertation Marburg 1935.

Weigelin, Ernst: Pfändungspfandrecht an Forderungen nach heutigem deutschen Recht, Stuttgart 1899.

Weismann, Jakob: Lehrbuch des deutschen Zivilprozeßrechts, Band II, Stuttgart 1905.

Werner, Olaf: Die Bedeutung der Pfändungspfandrechtstheorien, JR 1971, 278 ff.

Westermann, Harry: Sachenrecht, Ein Lehrbuch, 6. Auflage, Karlsruhe 1972.

Wetzell, Georg Wilhelm: System des ordentlichen Zivilprozesses, Leipzig 1878, Neudruck Aalen 1969.

Wieczorek, Bernhard: Zivilprozeßordnung und Nebengesetze, auf Grund der Rechtsprechung kommentiert, Band IV, 1. Teil, Berlin 1958.

Windscheid, Bernhard: Lehrbuch des Pandektenrechts, Band I, 5. Auflage, Stuttgart 1879 (zit.: Windscheid, 5. Auflage).

— Lehrbuch des Pandektenrechts, Band I, fortgeführt von Kipp, Theodor, 8. Auflage, Frankfurt 1900 (zit.: Windscheid / Kipp, 8. Auflage).

Wolff, Hans J., *Bachof*, Otto: Verwaltungsrecht, Band I, 9. Auflage, München 1974.

Wolff, Hans J.: Verwaltungsrecht, Band III, 3. Auflage, München 1973.

Wyszomirsky: Sind in § 137 StGB unter Sachen auch Forderungen zu verstehen?, GA 36, 1 ff. (1888).

Zöller, Richard: Kommentar zur Zivilprozeßordnung, 11. Auflage, München 1974.

MIX
Papier aus verantwortungsvollen Quellen
Paper from responsible sources
FSC® C105338

Printed by Libri Plureos GmbH
in Hamburg, Germany